石河子大学"中西部高校综合实力提升工程"资助出版

经济管理学术文库·经济类

特殊类型贫困地区
贫困和反贫困绩效的调查与评估

The Investigation and Evaluation of Poverty and
Anti-poverty in Special Poverty Areas

李翠锦　刘　林／著

图书在版编目（CIP）数据

特殊类型贫困地区贫困和反贫困绩效的调查与评估/李翠锦，刘林著 . —北京：经济管理出版社，2017.2

ISBN 978 – 7 – 5096 – 4870 – 4

Ⅰ.①特… Ⅱ.①李… ②刘… Ⅲ.①边疆地区—民族地区—扶贫—调查研究—新疆 Ⅳ.①F127.45

中国版本图书馆 CIP 数据核字（2016）第 324348 号

组稿编辑：曹　靖
责任编辑：杜　菲
责任印制：黄章平
责任校对：王淑卿

出版发行：经济管理出版社
　　　　　（北京市海淀区北蜂窝 8 号中雅大厦 A 座 11 层　100038）
网　　址：www.E – mp.com.cn
电　　话：（010）51915602
印　　刷：北京玺诚印务有限公司
经　　销：新华书店
开　　本：720mm×1000mm/16
印　　张：10.75
字　　数：196 千字
版　　次：2017 年 2 月第 1 版　2017 年 2 月第 1 次印刷
书　　号：ISBN 978 – 7 – 5096 – 4870 – 4
定　　价：68.00 元

·版权所有　翻印必究·

凡购本社图书，如有印装错误，由本社读者服务部负责调换。
联系地址：北京阜外月坛北小街 2 号
电话：（010）68022974　　邮编：100836

前　言

特殊类型贫困地区是指因自然、民族、历史、政治等原因一般经济增长不能带动、常规扶贫手段难以奏效的集中连片贫困地区，这些地区大部分是民族地区、边疆地区和革命老区。作为特殊类型贫困地区的新疆维吾尔自治区，是典型的少、边、穷地区。本书从宏观层面与微观层面，从静态与动态视角，多层面多视角定量研究了边疆民族特殊类型贫困地区的贫困状况、贫困成因、反贫困绩效以及反贫困对策等，尤其注重动态角度与微观层面的研究，丰富了贫困和反贫困问题的相关理论。此外，本书的研究结论不仅为政府的精准扶贫政策提供理论基础与创新思路，而且对于提高新疆贫困农牧民生产生活水平和自我发展能力，对于促进区域协调，增强民族团结，确保社会稳定，维护国家安全，全面建设小康社会具有重大现实意义。

关于新疆贫困程度的测度，本书利用1994～2010年农户收入分组数据，采用FGT测度指数和Shorrocks的分解方法，测算了新疆贫困发生率、贫困距指数和平方贫困距指数，并从经济增长和收入分配的角度分析了贫困变动的原因。发现样本期间新疆农村收入差距较大，收入分配状态有恶化的趋势；新疆农村贫困发生率、贫困距指数和平方贫困距指数的变化趋势具有明显的阶段性特点，贫困广度和贫困深度都有所下降，但是贫困强度却有所加强，极端贫困人口的生活状况进一步恶化；从经济增长和收入分配产生的影响来看，经济增长的减贫效应非常明显，收入分配状况的改变略微缩小了新疆农村的贫困面，但却由于分配均等状况的恶化加重了新疆农村的贫困深度和贫困强度。

在贫困成因的研究上，本书从动态贫困的视角，基于新疆3000个农户2008～2010年的微观面板数据，运用有序Logit模型，重点研究了家庭特征、村庄特征对农户动态贫困的影响。研究结果表明：①新疆农户贫困主要是暂时性贫困。贫困户中，暂时性贫困户占比高达90%，而慢性贫困户数相对较少，占比约10%。②在贫困的区域分布上，主要集中于南疆三地州，慢性贫困农户占比高达74.44%，暂时性贫困户占比也达到了70%。③子女数越多、老人数越多的农户更容易陷入贫困，陷入慢性贫困的可能性更大；教育费用支出的增加也容易使农户陷入贫困，且易陷入慢性贫困。④村庄粮食播种面积减少与所处村庄遭受自然灾害的农户更易陷入暂时性贫困，其他经济作物播种面积的减少也会使农户更易陷入慢性贫困。

对于反贫困绩效的研究，重点研究了扶贫资金的动态扶贫绩效、扶贫开发两个重要主体即政府和农户参与扶贫的行为以及定量与定性分析了新疆"一体两翼"扶贫模式的效果。具体如下：

（1）主要采用状态空间模型对三项扶贫资金的动态扶贫绩效进行了评价，计量结果显示三项扶贫资金都有一定的减贫增收的扶贫效果，但表现作用存在差异。信贷扶贫资金的整体表现最佳，财政扶贫资金作用居次，以工代赈资金则在降低贫困强度方面表现较好。当贫困程度较深时，具有较强营利性的信贷扶贫资金和较强扩散性的财政扶贫资金更有效；当由大范围贫困转为少数人贫困时，具有较强针对性的以工代赈资金更有效。通过数据包络分析发现，新疆扶贫效率具有较显著的波动性，来源于技术进步所产生的增长效应显著，北疆比南疆扶贫效果更好，而整体表现不佳；资金传递与使用效率不高；扶贫效果持续性差；南疆地区扶贫效率偏低等。

（2）从实证角度分析了扶贫开发机制中两个重要主体——政府与农户的行为，分别是政府行为对农牧民增收的作用，以及农户参与扶贫项目的影响因素。运用2000~2009年新疆30个贫困县的相关数据，实证研究了政府行为对农牧民增收的作用，研究发现：财政支出和市场化程度和对农牧民增收都具有明显的促进作用；两者对南疆贫困地区农牧民的增收作用要大于北疆。总体来看，市场要比政府更有效，政府应为贫困地区农牧民提供更多的权利和公平；利用新疆30个扶贫重点县的3000农户的调查数据，对影响农户参与扶贫活动的因素进行了计量经济分析。分析结果表明：从农户所在社区情况、农户基本特征和具备的能力来看，总体反映出社区情况越恶劣、农户各方面条件和能力越差，越有可能参与扶贫活动的规律，从而验证了扶贫开发所具有的"趋害疏利"的特性；从农户的参与意愿来看，农户对扶贫活动或扶贫项目的了解程度显著影响其参与活动，同时还体现出农户参与愿望与扶贫资源相对有限的矛盾。

(3) 运用面板数据模型与案例分析方法，从定量与定性相结合的角度分析了新疆"一体两翼"扶贫模式的效果。主要基于新疆 30 个贫困县 3000 个农户 2008～2010 年的微观面板数据，运用固定效应法及工具变量法分别考察了劳动力迁移规模、劳动力迁移方式及劳动力迁移模式对收入的影响，并进一步分析了劳动力迁移规模的贫困缓解效应。实证检验结果表明：劳动力迁移规模对农户农业收入有负向影响，但显著提高了家庭人均收入、家庭利他性收入；自发性迁移方式、政府组织性迁移方式能够显著提高农户人均收入水平，并且自发性迁移方式的作用更强；省内县外迁移对农户收入的提高最为显著，其次为县内乡外迁移，省外迁移不影响农户收入；劳动力迁移规模对贫困的缓解效应无影响，也不影响富裕户的收入水平，但显著提高了中等收入农户的收入水平。此外，还结合案例分析了新疆整村推进与产业化扶贫的成效，并指出了"一体两翼"扶贫开发模式存在的主要问题体现在：新疆贫困地区农民的就业结构仍不合理；基础设施建设进度缓慢；农业科技使用率低；扶贫项目覆盖程度不足；南疆地区扶贫效率偏低。

关于反贫困对策的研究，本书提出了对政府宏观扶贫工作、对农户的微观扶贫以及不同地区反贫困的对策建议。对政府宏观扶贫工作的建议主要为提高扶贫标准、注重收入分配与扶贫资金的灵活配套使用；对农户的扶贫对策主要为细分贫困人口，对暂时性贫困与慢性贫困农户采取不同的对策，同时还要结合针对重点村庄的扶贫对策、鼓励和指导贫困农户自建组织，增强参与程度以及加强针对贫困户的劳动力转移咨询服务和特殊技能培训等。本书还结合不同区域的实际情况，结合有关文件与扶贫规划，提出了不同地区反贫困的对策建议。

本书的研究成果得到了国家社会科学西部项目"边疆民族特殊类型贫困地区贫困和反贫困绩效的调查与评估"（09XMZ047）资助，在此表示感谢。感谢马金利、王红平、任学军在参与本书编写中所做的工作。

由于作者经验不足，水平有限，难免出现纰漏与错误，敬请读者批评指正。

目 录

第一章 绪论 ··· 1
 一、问题的提出 ·· 1
 二、研究目的与意义 ··· 3
 三、相关国内外研究综述 ·· 4
 四、研究的主要内容与方法 ·· 10
 五、主要创新点 ·· 11

第二章 概念界定与理论基础 ··· 12
 一、贫困的内涵及类型 ··· 12
 二、贫困地区 ··· 14
 三、理论基础 ··· 15

第三章 新疆农村贫困的状况及特点 ······································· 19
 一、理论分析框架 ·· 20
 二、新疆农村FGT贫困指数及与全国的比较 ··················· 23
 三、新疆农村FGT指数分解分析 ··································· 28
 四、新疆农村FGT贫困指数的敏感性分析 ······················ 30
 五、本章小结 ··· 31

第四章 新疆农村贫困的动态性及贫困的成因研究 ·················· 33
 一、文献回顾 ··· 33
 二、数据、模型与方法 ··· 34

三、基本统计分析 …………………………………………………… 36
四、动态贫困的敏感性分析 …………………………………………… 38
五、动态贫困的决定因素：计量结果分析 …………………………… 39
六、宏观地区效应因素分析 …………………………………………… 42
七、本章小结 …………………………………………………………… 45

第五章　新疆贫困地区反贫困的历程与机制 …………………………… 46
一、新疆贫困地区反贫困的历程 ……………………………………… 46
二、反贫困的机制 ……………………………………………………… 49
三、本章小结 …………………………………………………………… 61

第六章　新疆贫困地区政府行为与农户扶贫活动的参与 ……………… 63
一、政府行为与农牧民的增收 ………………………………………… 63
二、农户参与扶贫活动的影响因素 …………………………………… 73
三、本章小结 …………………………………………………………… 91

第七章　新疆贫困地区扶贫资金的投向结构与使用效果 ……………… 92
一、扶贫资金来源与投向分析 ………………………………………… 92
二、资金投向与农牧民收入的灰色关联分析 ………………………… 96
三、扶贫资金的扶贫效果评价 ………………………………………… 101
四、扶贫投入与产出的效率分析 ……………………………………… 112
五、本章小结 …………………………………………………………… 116

第八章　新疆农村劳动力转移、产业化扶贫与整村推进模式的效果评价 …… 117
一、农村劳动力转移与贫困的缓解 …………………………………… 117
二、产业化扶贫与整村推进的效果 …………………………………… 129
三、新疆"一体两翼"扶贫模式存在的主要问题 …………………… 136
四、本章小结 …………………………………………………………… 142

第九章　新疆贫困地区反贫困的对策建议 ……………………………… 143
一、对政府宏观反贫困工作的建议 …………………………………… 143

二、对农户的微观扶贫对策 …………………………………… 145
三、对不同类型贫困地区的反贫困对策 ………………………… 147

第十章　结论与展望 ………………………………………………… 153
一、研究结论 ……………………………………………………… 153
二、展望 …………………………………………………………… 155

参考文献 ……………………………………………………………… 156

第一章 绪论

一、问题的提出

如何有效调查与评估贫困和反贫困绩效一直是贫困理论研究及反贫困实践的热点和难点。目前,国外关于贫困程度测算的研究成果较多,且主要利用贫困度量指数或构造贫困指标体系定量评估某地区的贫困状况,如 Deutsch 和 Silber(2005)用 Ch-M 和 F-M 贫困指数评估了以色列 1995 年的贫困;Chakrabarty、Deutsch 和 Silber(2005)用 Watts 贫困指数测算了 1993 年和 2002 年的世界贫困;Luzzi、Fluckiger 和 Weber(2005)采用因子分析和聚类分析方法测算了瑞士的贫困程度。国内关于贫困评估的大多数研究主要是对贫困状况的定性描述,运用贫困度量指数定量评估地区贫困分布、规模与程度的研究成果不多,主要是利用一个或多个贫困指数研究全国或某一地区的贫困,如杨国涛、王广金(2005)在不同贫困线下,用多种贫困测度指数分析了中国农村贫困状况;王祖祥、范传强、何耀(2006)采用贫困率、Sen 贫困指数等多种贫困指数对我国农村贫困进行了评估;陈立中(2008)采用 Watts 贫困指数对我国转型时期的贫困进行了测算。从贫困动态性视角研究家庭多期贫困变化与贫困的成因已成为学术界研究贫困问题的热点。Ingrid 和 Stephan(2005)、Liverpool-Tasie 等(2011)、Dartanto Teguh 和 Nurkholis(2013)等文献表明农户动态贫困的决定因素复杂,由于研究区域的差异以及农户特征的异质性,导致不同地区农户的致贫因素并不完全相同。基于农户层面从动态视角研究中国贫困的文献很有限。Jalan 和 Ravallion(1998)

应用中国东南四省(广东、广西、贵州和云南)5854户家庭的面板数据,得出1985~1990年的中国贫困主要是暂时性贫困;Jean - Yves 等(2010)、Wan 和 Zhang(2013)研究得出中国农村贫困主要是慢性贫困;于敏(2011)发现贫困县农民长期贫困程度小于短期贫困。

关于反贫困绩效的调查与评估研究,大多数学者运用一些年度统计数据对扶贫绩效作出描述性的定性评价,主要是从资金效率、经济、社会总产出、基础设施建设等方面分析反贫困的成效(Rozelle et al.,1998;张衔,2003;姜锡明,2007)。关于反贫困绩效定量研究较少,且主要集中于扶贫资金绩效与宏观层面扶贫绩效的研究。如朱乾宇(2004)通过政府扶贫资金及其具体投向对提高农业总产值和农民纯收入、降低农村贫困人口及其比例的回归分析,考察了我国政府扶贫资金使用的绩效;帅传敏、梁尚昆和刘松(2008)通过回归模型对扶贫开发重点县主要扶贫投入的绩效进行了实证分析;李万明等(2008)利用面板数据,建立多元线性回归模型,评价了我国新疆和田地区不同类型政府投入的效果。

特殊类型贫困地区是指因自然、民族、历史、政治等原因一般经济增长不能带动、常规扶贫手段难以奏效的集中连片贫困地区(人民日报,2007),这些地区大部分是民族地区、边疆地区或革命老区。综合国内外研究,现有研究还存在以下问题:第一,缺乏采用贫困度量指数定量评估特殊类型贫困地区的贫困状况;第二,缺乏基于微观农户层面数据且从动态贫困视角研究特殊类型贫困地区农户贫困的成因;第三,缺乏定量与系统评估特殊类型贫困地区反贫困的绩效。

作为特殊类型贫困地区的新疆维吾尔自治区,是典型的少、边、穷地区。少数民族人口约占93%,维吾尔族是当地的主要民族,另有柯尔克孜、塔吉克族等20余个少数民族;新疆有国家扶贫开发重点县27个和自治区扶贫开发工作重点县3个,此外,还包括276个自治区扶贫开发重点乡和3606个自治区扶贫开发重点村。从扶贫开发重点县地理位置来看,南疆重点县21个(均为国家级重点县),占总数的70%;北疆重点县9个(自治区级3个),占总数的30%。从农村贫困人口的分布情况来看,南疆贫困人口大约占自治区贫困人口总数的95%、北疆地区为5%,仅和田、喀什、克孜勒苏克尔克孜自治州(以下简称克州)三地州特困人口就占全区的85.15%。从贫困人口的民族构成来看,全区30个扶贫重点县中,少数民族人口占总人口的91.06%,且农村贫困人口以乡村人口为主体,南疆乡村人口中少数民族比重高达99%以上。根据贫困统计资料显示,新疆贫困地区的贫困人口中,少数民族贫困人口占96%,且贫困发生率达

12.66%，贫困强度大，贫困人口分布呈现极强的民族性特征，深刻揭示了新疆贫困问题不仅仅是简单的收入差距问题，在很大程度上体现出了民族差距，这将是危及社会稳定非常大的隐患。按照新阶段国家确认的贫困标准，到2003年底，新疆农村牧区有低收入贫困人口约57万户、259.3万人，占全区农牧区人口的27%，主要集中在南疆三地州和北疆高寒地区，呈集中连片的区域性分布，其数量几乎是前几年的6倍。同时，由于新疆解决温饱的水平低，初步解决温饱的低收入人口容易出现饱而复饥、暖而复寒、富而返贫的问题（厉声，2010）。新疆为了应对贫困，积极加大工作力度、改善贫困乡村的生产生活条件、开发主导产业和特色产业、培训转移劳动力、强力推进产业化扶贫，到2009年底，全自治区累计稳定解决了257万贫困人口温饱的问题，其中30个扶贫重点县175万人，农牧民贫困程度得到极大的缓解。但新疆农村的贫困问题仍然没有从根本上得到解决，扶贫开发工作的形势依然严峻，扶贫开发的内涵也发生了广泛而深刻的变化。当前，随着新疆特困人口温饱问题的基本解决，扶贫对象也随之进入以低收入人口为对象的重点阶段。

基于这种形势，深入研究新疆贫困地区的区情，分析新疆贫困的程度及贫困的成因，对反贫困的绩效进行全面系统评估是亟待解决的重要课题，使新疆贫困地区尽早摆脱贫困，提高贫困地区人民生活水平，实现区域协调发展，为最终达成新疆跨越式发展奠定坚实基础。

二、研究目的与意义

我国扶贫开发取得了显著成就，但由于自然、历史、社会等多种原因，特殊类型贫困地区的贫困程度依然严重，贫困集中连片、贫困程度深、扶贫开发难度大。因此，对新疆这一特殊类型贫困地区的贫困与反贫困绩效进行调查评估研究，研究此地区的贫困状况、贫困成因以及反贫困绩效，提出针对政府、农户以及不同区域的反贫困政策建议，不仅在一定程度上完善了我国的扶贫战略与政策体系，而且对于提高新疆贫困农牧民生产生活水平和自我发展能力，对于促进区域协调、增强民族团结、确保社会稳定、维护国家安全、全面建设小康社会具有重大现实意义。

作为特殊类型贫困地区的新疆维吾尔自治区，由于自然、历史、民族、地理等多方面的原因，贫困集中连片、经济发展滞后、生产生活条件艰苦、基础公共设施落后、农牧民人均收入较低、社会事业发展缓慢，尤其是身处山区的许多农牧民，至今未能脱贫。近年来，国家和新疆不断加大对其反贫困的投入力度，但由于缺乏对不同种类扶贫资金缓贫作用差异的理论支持以及贫困农户缺乏主动脱贫的积极性等多种原因，导致国家和地方反贫困成本高但成效不明显。因此，本书通过正确认识新疆的贫困规模、分布、程度、成因，正确分析不同种类扶贫资金的缓贫作用以及农户参与扶贫活动的影响因素，不仅有助于国家和自治区认清不同地区与不同贫困户的扶贫开发重点，而且有助于提高扶贫资金使用效率，提高贫困农户主动脱贫的积极性。

如何科学合理地调查与评估贫困状况、分析贫困成因与反贫困绩效一直是学术界研究的热点问题，本书采用FGT贫困指数和Shorrocks（1999）贫困变动分解方法，分析了新疆贫困状况及贫困的变动原因；基于农户层面和动态贫困的视角探寻新疆农户贫困的成因，并运用计量分析、案例分析等方法对新疆扶贫资金的使用效率、劳动力转移、产业化扶贫与整村推进的效果进行全面评估。本书成果不仅能够完善贫困及反贫困绩效评估的理论体系，而且还为特殊类型地区的反贫困工作提供理论指导和政策参考。

三、相关国内外研究综述

（一）关于贫困成因的研究

国内外学者对贫困成因研究由来已久，涉及多种多样的内容和视角，既有宏观视角又有微观视角。

宏观视角的成因归纳起来主要有：一是要素短缺论，即认为贫困成因是由于某个国家或者地区缺少经济发展所必需的某种要素，这些要素包括资本、技术、自然条件等。较著名的有纳克斯的贫困恶性循环理论、纳尔逊的低水平均衡陷阱理论、缪尔达尔的循环积累因果关系理论。这些理论在客观上论证了一些导致贫困的重要原因，但却过分扩大了要素投入的作用，导致了其存在一定的片面性。

二是贫困文化论。如刘易斯和莫伊尼汉等认为贫困者陷入贫困的表面原因是物质的匮乏，实际上更深层次的原因是贫困者内部形成的贫困文化在作怪，而且这种"亚文化"具有很强的扩散能力，能够传递给后代。贫困文化在很多贫困地区确实存在，而如何削弱贫困文化产生的消极影响成为很多学者研究的课题。三是人力资本缺乏论。美国经济学家西奥多·舒尔茨认为空间、资源、环境等并不是造成贫困的根本原因，贫困者之所以贫困是由于自身人口质量的低下，尤其是随着经济社会的发展使外部条件因素产生的影响逐渐降低，而人口素质等内因的重要性将愈加突出。保罗·罗默、卢卡斯等也有相同的论断，他们改进了新古典增长模型，将人力资本因素考虑在内，说明了人力资本和技术进步对经济增长的重要性，此外，还证明了人力资本水平在社会与家庭之间具有正向的影响关系。四是环境贫困论。如美国经济学家托达罗从环境角度解释了贫困产生的原因，他认为贫困之所以产生是由于贫困者与其所在环境存在矛盾，而这种矛盾集中反映在人口数量过多而自然资源匮乏上。

国内学者主要是在上述理论的基础上，从宏观视角对我国农村贫困成因进行了大量研究。虽然研究起步较晚，但发展迅速，现已涉及地理、环境、生态、经济、制度等多个方面的内容。从研究对象上看，有以全国为研究对象的，有以西部、中部、山区等重点贫困区域为研究对象的，也有以陕西、甘肃、青海、新疆等省市自治区为研究对象的，而研究群体多以少数民族贫困人口或者特殊类型贫困人口为主。如王平（2006）对西部少数民族地区循环贫困问题展开了研究，研究认为制度因素、生态环境、自我封闭、心理因素是造成循环贫困问题的主要原因。李秀娟（2009）针对我国西部地区农村长期贫困问题展开了深入研究，从自然环境、人力资本、体制制度、历史积累、发展动力5个方面深入分析了我国西部农村长期贫困的成因，并针对性地提出了解决对策。郭志仪、祝伟（2009）从市场参与的视角研究了我国山区少数民族贫困的成因，提出了相应的分析框架，并通过实证分析验证了市场参与程度是决定人们收入水平和是否贫困的重要原因。李凤荣（2011）认为青海特殊贫困成因包括自然环境差、自然灾害频发、经济结构单一、基础设施滞后、农牧民综合素质低、社会发育滞后6个方面。对于新疆农村贫困的成因也取得了大量研究成果，主要集中于宏观层面。如沈会盼、常永才（2003）认为新疆巴音郭楞蒙古自治州（以下简称巴州）贫困原因为：其一，自然条件差，环境恶劣，农牧业基础设施落后；其二，农牧民科技文化素质差，生产经营粗放；其三，部分贫困户由于长期受自然环境和生活习惯的影响,思想懒惰,观念陈旧,不思进取,市场经济意识差,"等、靠、要"依赖思想严重;其四,天灾人祸使一部分人成为贫困户;其五,农副产品价格下降,给农牧民增收带来了困难,减缓了贫困人口脱贫致富的步伐;其六,缺地少畜无劳力。姚春军、胡本新、许磊英(2005)认为吉沙县贫困的成因为自然环境的制约、经济社会环境的困扰、贫困户自身状况对脱贫的束缚。方珊媛(2005)认为新疆国家扶贫开发重点县的经济总量小,经济实力弱,贫困人口中少数民族人口及文盲、半文盲人口占有较大的比重;新疆国家扶贫开发重点县贫困人口收入水平低,导致其消费支出水平也低等是新疆贫困的主要原因。胡鹏、谢贵平(2010)认为增收渠道相对单一,增收步伐比较缓慢;农民综合素质不高,不能适应市场经济的需求;农民技能培训滞后,劳动力转移步伐缓慢;缺乏龙头企业带动,农产品附加值不高;基层政权建设需要进一步加强等是新疆叶城县贫困的主要原因。

近年来,国内外对贫困成因的研究趋于微观化,通过微观视角研究贫困的动态性及其成因,更能把握农户贫困的内在本质及其根源。因此,基于农户视角研究贫困成因已成为当前研究的热点。国外学者主要应用农户数据来分析贫困成因,最新的研究热点集中于动态贫困。

新疆作为典型的特殊类型贫困地区,至今还没有文献运用微观数据实证研究新疆农户动态贫困的决定因素。因此,本书主要基于动态贫困的视角,运用农户层面数据,考虑影响贫困的农户特征因素、村庄特征因素与地区固定效应,探究农户贫困的特征与成因,以期为政府的精准扶贫对策提供微观基础及创新的思路。

(二)关于反贫困的研究

国内外对于反贫困的实践主要集中于反贫困政策与项目的实施上。Davis 和 Peter(1998)提出以创造就业为导向的反贫困政策在西方受到青睐①。White(2001)认为应该通过援助、贸易、技术转移和移民等方式建立全球再分配机制,这样可以减少全球和国家的贫困,国家层面应建立全方位的资产再分配体系,足够财力的保障体系也至关重要②。Caesar 等(2005)研究了20世纪80年代以来

---

① Davis & Peter. Responding to Poverty: Communitarian Solutions through Cooperative Facilitation of Primary Associations [J]. Rural Cooperation, 1998 (26): 79 – 95.

② White H. National and International Redistribution as Tools for Poverty Reduction [J]. International Development, 2001 (3): 343 – 351.

菲律宾所进行的一系列贸易改革，尤其多哈贸易谈判后有可能带来的变革和冲击，利用 CGE 模型分析贸易改革对穷人的影响，发现政府所采取何种机制将会产生强烈的影响，模拟分析发现自由的世界贸易有助于减少贫困，有利于农村家庭，而国内的自由化则使贫困增加，有利于城镇居民家庭，这主要是由于世界贸易自由化所带来的农产品出口价格上升和需求增加，而国内自由化则变相压低了农产品价格①。Fernando 等（2011）对智利的反贫困计划进行了为期三年的评估，提出了一个方案，在这个方案中强调调查对象的瞄准机制，并讨论其有效性，研究结果表明该方案确实发挥了积极的作用，但是由于缺乏基础数据的支撑，他们还专门建立了一个数据库用以克服研究的不足②。Ahmed 等（2011）以农业技术措施变迁为背景，研究了孟加拉国的食品及现金激励方案，对目标瞄准机制表现及性能进行了评价，在分析不同反贫困措施相似和差异的基础上，提出应优先考虑穷人，并且强调应关注性别问题，注重可持续发展③。

国内关于反贫困的研究始于 1994 年《八七扶贫攻坚计划》实施以后，而研究的高峰期则出现在新千年之后，研究的内容大体包括两个方面的内容：一是对我国扶贫开发机制整体进行研究，多是分析我国扶贫开发机制的现状、存在的问题及创新的思路等；二是研究扶贫资金投入、整村推进、劳动力转移、产业化扶贫的成效与存在的问题等。

吕书奇（2004）从贫困人口的识别、确定重点县的选择、政府主导型的投入、扶贫监督等方面分析了目前扶贫开发体系的不足，不足之处包括没有形成贫困人口的动态识别机制、没有建立有效的项目选择机制、没有形成多元且目标一致的扶贫资金投入机制、没有建立部门间有效的分工协作机制、没有形成信息对称且及时有效的监督评价机制，他围绕这些不足对原有扶贫机制进行了完善④。韩广富（2007）深入分析了我国扶贫开发中的返贫现象，指出我国扶贫开发在贫困人口和贫困地区自我发展能力、扶贫资金管理使用、扶贫主体多元化方面存在

---

① Cororaton Caesar B., Cockburn J. & Corong E. Doha Scenarios, Trade Reforms, and Poverty in the Philippines: A CGE Analysis [J]. Cahiers de Recherche MPIA, 2005（3）: 2 - 3.

② Fernando, Andrés & Osvaldo. Evaluating the Chile Solidario Program: Results Using the Chile Solidario Panel and the Administrative Databases [J]. Estudios de Economia, 2011（1）: 129 - 168.

③ Ahmed A., Mubina Khondkar & Agnes Quisumbing. Understanding the Context of Institutions and Policy Processes for Selected Anti - poverty Interventions in Bangladesh [J]. Journal of Development Effectiveness, 2011（2）: 175 - 192.

④ 吕书奇. 对进一步完善扶贫开发机制的思考 [J]. 农村财政与财务, 2004（3）: 30 - 32.

的不足，并得出返贫现象发生的内在规律，进而提出了建立遏制返贫的保障机制、形成自我发展的动力机制、创新扶贫资金使用管理机制和监督机制、创新社会力量和农户的参与机制等对策①。冯孔茂（2007）努力创新扶贫开发机制，指出创新应将重点放在整村推进、产业扶贫、劳动力转移培训机制等5个方面②。刘娟（2010）概述了我国扶贫开发经历的几个阶段，认为我国扶贫开发已经进入了新的发展时期，指出应从扶贫对象识别机制、扶贫资金投入管理机制、扶贫项目瞄准机制以及产业扶贫机制等方面对扶贫开发机制进行完善③。许跃华、赵刚、刘忠蓉（2007）提出创新民主管理机制、创新资源整合机制、创新资金滚动使用机制④。廖晓军（2008）指出目前扶贫开发体制机制中存在的若干问题，包括中央与地方责任划分不清、扶贫资金使用方式难以形成合力、扶贫政策与其他政策缺乏有效衔接等⑤。王永平、袁家瑜（2008）认为我国扶贫开发机制与政策在扶贫资源整合、挖掘贫困农户主体作用、整村推进与区域发展衔接、扶贫资金分配、以工代赈及异地搬迁投入等方面存在不足，提出了以科学发展观为指导的扶贫思路，以期解决贫困人口长远发展问题⑥。胡新良（2009）分析了我国整村推进扶贫开发机制中存在的缺陷，包括扶贫目标设计模糊、参与对象的需求不明、支持对象的覆盖狭窄和扶贫主体的结构不优⑦。梁东（2010）从加快发展小额信贷扶贫方面探索了扶贫开发有效的政策机制⑧。仝泽章（2011）提出了"以机制引领发展，以产业带动脱贫"为指引的"六项机制"，包括农民自建机制、服务外包机制、技能培训机制、资产管理机制、合作载体机制、组织带动机制⑨。

还有一些学者主要以各地区为研究对象，研究了本地区扶贫开发的现状、取得的成效及存在的问题等。如王蒲华（2007）研究了福建整村推进扶贫开发的运

---

① 韩广富. 论我国农村扶贫开发机制的创新 [J]. 东北师范大学学报（哲学社会科学版），2007（6）：67 - 71.
② 冯孔茂. 努力创新扶贫开发机制 [J]. 老区建设，2007（11）：13 - 14.
③ 刘娟. 扶贫新阶段与农村扶贫开发机制的完善路径 [J]. 桂海论丛，2010（1）：79 - 83.
④ 许跃华，赵刚，刘忠蓉. 创新机制 加强管理 全面提升整村推进扶贫开发水平 [J]. 山西农经，2007（1）：35 - 36.
⑤ 廖晓军. 用新思路、新理念、新制度、新机制大力提高扶贫开发水平 [J]. 老区建设，2008（3）：6 - 7.
⑥ 王永平，袁家瑜. 农村扶贫开发机制、资源整合与对策研究 [J]. 探索与争鸣，2008（4）：154 - 157.
⑦ 胡新良. 中国"整村推进"扶贫开发机制的缺陷与完善 [J]. 粮食科技与经济，2009（4）：29 - 30.
⑧ 梁东. 加快发展小额信贷扶贫探索扶贫开发有效政策机制 [J]. 金融经济，2010（12）：143 - 145.
⑨ 仝泽章. 以机制引领发展 以产业带动脱贫——睢宁县创新"六项机制"推进扶贫开发项目实施 [J]. 市场周刊（理论研究），2011（1）：73 - 74.

行机制,并且在经济发展、基础设施建设等方面对扶贫绩效进行了评价,认为整村推进是一种非常有效的扶贫形式①。楚永生(2008)以甘肃省麻安村为例分析了参与式扶贫开发模式的运行机制,着重分析了参与式扶贫模式的决策机制、实施机制和监督机制,而且通过实证分析对其运行绩效进行了检验,最后总结了所取得的具有推广意义的宝贵经验②。张琦(2011)以陕西省"府谷现象"为例,探讨了企业参与扶贫开发的新途径,深入分析了府谷县村企合作途径和方式,建立了企业与农民之间良性互动的正反馈关系,并创新了扶贫投入机制③。李万明(2006)以反贫困理论与实践研究为切入点,以新疆边境县(团)的贫困问题为研究对象,提出实行军事、政治职能与经济发展职能相分离;加快兵团边境小城镇建设;分类实施反贫困战略等政策建议④。杨引官(2006)从新疆国家扶贫开发工作重点县的实际出发,以科学发展观和构建社会主义新农村为目标,提出了"十一五"期间扎实推行新疆扶贫开发的对策措施⑤。陈阳(2007)认为新疆的扶贫开发工作对促进社会和谐、促进民族团结、促进人与自然的和谐显得尤为重要,对社会稳定、经济发展、边防巩固也具有十分重要的战略意义;认为新疆贫困的原因在于产业结构差异,传统农业落后、自然条件严酷,生态系统脆弱,贫困地区普遍存在水土不平衡,风沙危害严重等现象,且新疆地处边远,交通不便,信息相对闭塞。他还提出了6个对策,即:①实施整村推进,促进扶贫开发;②加速高新技术开发,发展地方特色产业;③推进农业生产的清洁化、资源化和循环化;④坚持科学发展观,用足用好扶贫资金;⑤实施搬迁,异地开发;⑥全社会关注,参与扶贫开发⑥。王哲、陈见影(2008)认为满足社会基本需求、提高农民素质和就业能力、控制人口增长、加快小城镇建设、促进农业剩余

---

① 王蒲华. 福建整村推进扶贫开发的运行机制与绩效评价 [J]. 福建农林大学学报(哲学社会科学版), 2007 (10): 9-11.
② 楚永生. 参与式扶贫开发模式的运行机制及绩效分析——以甘肃省麻安村为例 [J]. 中国行政管理, 2008 (11): 48-51.
③ 张琦. 企业参与扶贫开发的机理与动力机制研究——以陕西省"府谷现象"为例 [J]. 中国流通经济, 2011 (4): 58-63.
④ 李万明. 新疆生产建设兵团边境农场戍边使命与反贫困战略协调 [M]. 北京: 中国农业出版社, 2006.
⑤ 杨引官. "十一五"期间扎实推进新疆扶贫开发的对策措施 [J]. 中共乌鲁木齐市委党校学报, 2006, 3 (1): 13-18.
⑥ 陈阳. 新疆: 全面推进农村扶贫开发工作 [J]. 宏观经济管理, 2007 (11): 61-62.

劳动力的转移，是从根本上解决贫困地区农民脱贫、构建和谐社会的关键①。刘国勇（2009）对整村推进扶贫模式进行机制创新②。孟戈（2009）提出推进新疆农村扶贫开发的对策建议：实施扶贫开发新模式；创新扶贫开发新机制；重点解决边境地区的贫困问题；改善南疆三地州生态、经济、社会环境③。韩丽萍、韩茜（2010）提出继续加大对贫困地区基础设施建设投入力度，改善贫困地区农民生产生活条件，为其尽快摆脱贫困创造条件，增强贫困人口抗灾和抵御市场风险的能力；科学、合理地规划以工代赈扶贫开发工作，更好地发挥以工代赈项目资金的使用效益；加大以工代赈项目资金投入力度；加强以工代赈项目的系统管理，发挥建成基础设施的长期效益；进一步发挥以工代赈政策优势，拓宽贫困农民增收渠道等政策建议④。

综上所述，关于反贫困项目或政策的研究主要以定性为主，能够从定量角度实证研究项目或政策的反贫困效果的文献有限。本书主要运用计量方法、案例方法等多种方法，评估扶贫资金的使用效果，分析扶贫政策如劳动力转移、整村推进、产业化扶贫对贫困缓解的影响，找出存在的问题，并提出可行的改进建议。

四、研究的主要内容与方法

一是通过测算 FGT 贫困指数与 Shorrocks（1999）贫困变动分解方法，综合考察新疆贫困地区的贫困程度、特点以及变动原因，从宏观角度剖析新疆农村贫困地区的贫困特征。

二是从动态贫困的视角，运用微观面板数据，把贫困农户区分为慢性贫困户和暂时性贫户，分析非贫困户、慢性贫困户和暂时性贫困户在家庭特征、村庄特征及区域特征上的差异，并采用有序 Logit 模型探寻农户贫困的成因，包括家庭特征因素、村庄特征因素和地区因素对农户陷入贫困的影响。

三是运用灰色关联分析法研究扶贫资金的投向与农牧民收入的相关性；采用

---

① 王哲，陈见影. 新疆扶贫开发重点县经济实证研究 [J]. 安徽农业科学，2008，36（6）：63-65.
② 刘国勇. 新阶段新疆整村推进扶贫开发面临的形势与机制创新 [J]. 新疆财经，2009（4）：21-24.
③ 孟戈. 新阶段新疆农村扶贫开发的实践与思考 [J]. 新疆社科论坛，2009（5）：62-66.
④ 韩丽萍，韩茜. 新疆以工代赈扶贫开发工作的实践与思考 [J]. 新疆社科论坛，2010（3）：14-18.

状态空间模型对三项扶贫资金的动态扶贫绩效进行了评价；运用数据包络分析法分析新疆扶贫资金的使用效率。

四是运用贫困县的面板数据，运用面板模型实证研究了政府行为对农牧民增收的影响；运用农户调查数据，采用 Logit 模型，研究了影响农户扶贫项目参与的因素。

五是对劳动力培训转移、整村推进、产业化扶贫等扶贫模式的反贫困效果进行了整体评价，主要采用面板模型定量分析了劳动力转移规模、转移方式与区位选择对非贫困户收入及贫困户贫困缓解的影响，采用案例分析重点分析了整村推进与产业化扶贫的绩效，并指出现有的这些反贫困政策的不足。

五、主要创新点

（一）注重从动态角度与微观层面的定量研究

已有关于中国贫困与反贫困的相关文献，主要是基于静态角度与宏观层面的定性研究，本书从宏观层面与微观层面，从静态与动态视角，多层面多视角定量研究了边疆民族特殊类型贫困地区的贫困状况、成因与反贫困绩效，尤其更加注重动态角度与微观层面的研究，丰富了贫困和反贫困问题的理论体系。例如，运用农户面板数据，从动态贫困的视角，采用有序 Logit 模型实证分析了新疆农户陷入暂时性贫困和慢性贫困的影响因素；运用状态空间模型对三项扶贫资金的动态扶贫绩效进行了评价；主要应用面板数据模型，采用固定效应法与工具变量法，分析了劳动力转移规模、转移方式与区位选择对非贫困户收入及贫困户贫困缓解的影响。

（二）更加细化研究对象，做分类与对比分析

本书对不同扶贫主体即政府、社会、农户进行了对比分析；宏观层面从贫困的广度、深度与强度量度贫困类型，微观层面从慢性贫困与暂时性贫困量度贫困类型；对不同扶贫资金类型如财政扶贫资金、以工代赈资金、信贷扶贫资金进行了对比分析；对不同类型贫困地区如南疆三地州、北疆高寒牧区与边境地区也进行了对比分析。研究结论将为政府的精准扶贫政策提供理论基础与创新思路。

第二章 概念界定与理论基础

一、贫困的内涵及类型

贫困是一个历史、地域的综合概念,从时间上看,具有不确切的、动态的特点。贫困不仅意味着低收入、低消费,而且意味着缺少受教育的机会、营养不良、健康状况差,更意味着没有发言权和恐惧等。陷入贫困的人口往往在寿命、健康、居住、知识、参与、个人安全和环境等方面缺乏基本的条件,从而限制了这些人的选择。

有关贫困的研究可以追溯到20世纪初,由英国的Booth(1899)和Rowntree(1901)最先从社会保障和社会救助角度去研究贫困问题。最初的研究大多是从绝对贫困角度去考察贫困问题,绝对贫困是指低于最低物质生活水准的一种生活状况,所以又称为生存贫困。比较典型的研究包括:西勃海姆(1899)认为如果一个家庭的总收入不能承担仅仅是维持物质生活所必备的需要,那么该家庭就处于贫困状态;阿尔柯克(1993)提出绝对贫困是指某人或者某个家庭的收入状况低于这样一个贫困线,这条贫困线衡量的是每人维持基本生活的最低消费标准,可以满足人体必需的热量所需的食品消费量,且这条贫困线实际价值是固定的,不随时间变化而变化。从中我们可以归纳出绝对贫困的三个要素:①绝对贫困与社会形态、经济水平、制度设计等相对概念无关,仅代表人类某种真实的生活状态;②贫困线代表的是恰恰维持最低生活水平的消费标准;③人类生存必需的消费水平能用相应的实物进行衡量。

与绝对贫困相对的概念是相对贫困，它是根据低收入群体与社会其他成员收入的差距状况定义的贫困，是比较意义的贫困。代表性的研究有：雷诺兹（1984）认为相对贫困就是某个人或者某个家庭的收入相对低于全国收入的平均数[①]；阿尔柯克（1993）认为相对贫困是一种主观评价，是建立在相对贫穷的生活水平与相对不贫穷的生活水平比较的基础上的，其中包括对作为研究对象的社会总体平均水平的测度。同样，我们也可以从中总结出相对贫困的4个要素：①贫困是主观判断，依赖于一定的主观价值标准；②贫困是相对概念，需要一定变化着的参照系；③贫困表现为一种不平等性，反映了社会不同成员的收入差距和分配上的不均；④贫困衡量标准是动态变化的，随着经济、收入水平、社会环境等的变化而变化。

此外，贫困根据研究涉及的范围可分为狭义贫困和广义贫困；根据成因分为制度性贫困、区域性贫困和阶层性贫困；根据发生空间分为农村贫困和城市贫困；根据贫困的时期长短分为慢性贫困（持久性贫困）和暂时性贫困等。可见Jalan 和 Ravallion（1998）、Hulme 等（2001）、Duclos 等（2010）的研究。

世界银行对贫困的定义也经历了内涵的不断拓宽和深化。1980年，世界银行定义贫困为当某个人、某个家庭或者某个群体没有足够的资源去获得社会公认的、一般都能享受的食物、生活条件、参加某些活动的机会，就处于贫困状态了；在《1990年世界报告》中世界银行认为贫困是缺少达到最低生活水准的能力；1996年，世界银行将相对贫困定义为某个人或者某个家庭的收入与全国平均水平相比，且贫困线随着平均收入的不同应该有所不同；2001年，世界银行将贫困进一步定义为贫困不仅指收入低和人力资本不足，还包括人对外部冲击的脆弱性，如缺少发言权、某些权利以及被社会排斥在外。

我国对贫困问题的研究比较晚，改革开放后才逐渐展开相关方面的研究。1990年，国家统计局的《中国城镇居民贫困问题研究》和《中国农村贫困标准》两个课题组结合中国的实际情况将贫困定义为："贫困一般是指物质生活困难，即一个人或者一个家庭的生活水平达不到一种社会可接受的最低标准，他们缺乏某些必要的生活资料和服务，生活处于困难境地。"学术界比较有代表性的有：白人朴（1990）认为贫困首先是经济范畴内的贫困，是指人们生活资料和生产资料的匮乏。童军、林闽钢（1993）认为绝对贫困泛指生活没有保证、温饱没有解

[①] 劳埃德·雷诺兹. 微观经济学［M］. 北京：商务印书馆，1984.

决、简单再生产不能维持;相对贫困指温饱基本解决、简单再生产能够维持,但低于社会公认的基本生活水平,扩大再生产缺乏或者不足。贾大武(1997)则认为贫困是先天不足加后天失调而历史积累的整体落后的表现,既包括物质贫困又包括精神贫困,且贫困的成因是多元的、综合的、复杂的。关信平(1999)将贫困定义为:贫困是在一定的社会背景下,部分社会成员由于缺乏必要的资源而在一定程度上被剥夺了正常获得生活资料和参与经济、社会活动的权利,并使他们的生活持续性地低于该社会的常规生活标准。可见,我国对贫困的定义也随着研究的不断深入,内容不断拓宽。正如郭熙保在2005年第12期《山东大学学报》发表的论文中写道:在学术界,对贫困概念的界定和度量方法的研究在不断深化,由最初的收入贫困,发展到能力贫困,到最近的权利贫困,涉及经济学、社会学、政治经济学等多个学科。

本书中的贫困仅指经济范畴的贫困,可定义为一个家庭的生活水平达不到一种社会可以接受的最低标准(即国家扶贫标准线)。此外,在分析贫困成因问题时,主要从动态贫困的视角,根据农户贫困的时间将贫困划分为慢性贫困和暂时性贫困。

二、贫困地区

本书所指的贫困地区主要是指贫困县所在区域。贫困县的确定往往是以年人均收入为衡量标准的,对少数民族地区标准会有所放宽。1985年人均年收入低于150元的县就成为贫困县。1994年这个标准调整为400元,且人均年纯收入超过700元的,一律退出国家级贫困县。到2000年则以农民人均年纯收入低于625元为标准来划分贫困县。可见,贫困县也是一个相对概念,它也是在一定的衡量标准下产生的。同时,贫困县又是动态的,一方面衡量贫困县的标准会动态变化;另一方面贫困县也会随着自身发展状况的不同而改变身份。作为贫困县往往有其共性的地方。比如,基础设施落后、人民生活水平低、教育科技滞后,经济社会处于极缓慢发展或者停滞不前状态,甚至某些贫困县经济社会出现倒退迹象。当然,贫困县也有其特性的地方,尤其是边疆、少数民族自治区等具有特殊区情的地方。这些地方往往表现为生态贫困问题突出、农村贫困人口与少数民族人口在分布上有相当大的重合性、贫困地区多集中连片等。对于贫困县,又有国家级贫困县和省级贫困县之分。国家级贫困县往往是根据官方衡量标准划分的,省级贫困县则是各地根据自身的具体情况单另添加的,享受本地有关对贫困地区的优惠政策。

对新疆而言,在自治区区域内有国家级贫困县27个、省级贫困县3个,共30个贫困县。国定贫困县包括墨玉县、塔什库尔干县、皮山县、于田县、英吉沙县、洛浦县、疏附县、策勒县、和田县、阿克陶县、叶城县、柯坪县、伽师县、阿合奇县、岳普湖县、莎车县、民丰县、疏勒县、乌恰县、托里县、尼勒克县、乌什县、阿图什市、巴里坤县、察布查尔县、青河县、吉木乃县;省定贫困县包括伊吾县、和布克赛尔县、裕民县。其中,21个贫困县分布在南疆地区,占总数的70%,北疆有9个,占总数的30%。

三、理论基础

(一)纳克斯的贫困恶性循环理论

1953年,纳克斯(Ragnar Nurkse)在《不发达国家的资本形成》一书中针对发展中国家所遇到的发展困境,提出了著名的贫困恶性循环理论。该理论从供给和需求两个角度,解释了贫困恶化的循环机理。供给方面存在低收入—低储蓄—低资本形成—低生产率—低产出—低收入的恶性循环过程,具体解释为发展中国家较低的收入水平必然导致低储蓄的产生,而低储蓄又会引起低资本形成,资本形成水平较低致使生产率无法有效提高,随之带来的就是低产出的结果,低产出自然预示着低收入,这就从供给角度解释了贫困的循环恶化过程。需求方面存在低收入—低购买力—低投资—低资本形成—低生产率—低产出—低收入的恶性循环过程,具体解释为由于较低的收入水平造成了购买力不足,购买力水平提升空间有限从而对投资的引诱力不强,进而诱发了较低的资本形成,低资本形成又会导致低生产率,低生产率必然就是低产出和低收入的结果。以上就从需求角度解释了贫困的循环恶化过程,当然,这两个过程同时发生在一个环境当中,相互影响、共同作用,最终导致了发展中国家经济停滞和贫困恶化的局面。

纳克斯的恶性循环理论有三个核心点：其一，人均收入过低是恶性循环发生的根本原因，这也是纳克斯的"A country is poor because it is poor"的著名论断；其二，不管是从供给角度还是从需求角度，造成恶性循环的关键环节都始于资本形成不足，可以这样认为，循环的前端是从供给或者需求角度解释的资本形成不足的原因，而后端则是资本形成不足产生的后果，资本形成不足直接促成了恶性循环过程；其三，两个循环过程相互影响、相互作用，低储蓄和低投资往往相伴而生，即使有一方面满足条件，如果缺乏另一方面也无法产生好的效果，换句话说，投资需要储蓄的支持，而储蓄需要投资的消化。纳克斯恶性循环理论的重要启示是，既然发展中国家所遇到的困境是由于一系列的连锁反应所造成的，如果能够施以外力，打破其中某个环节，就可以改变循环的过程，防止恶性循环的产生。从这个意义上说，就为我们摆脱经济停滞和贫困恶化提供了一个清晰的思路：发展中国家只要能够有效地增大投资力度，扩大储蓄规模，促进资本的有效形成，就能够摆脱困境。

（二）纳尔逊的低水平均衡陷阱理论

1956年，美国经济学家纳尔逊（R. R. Nelson）发表了《不发达国家的一种低收入均衡陷阱》一文，在这篇文章中纳尔逊通过数学模型研究了人均收入与人均资本、人口增长、产出效率等的关系，并深入分析了收入与人口在不同增长速度下资本形成的问题，最终形成了"低水平均衡陷阱"理论。该理论的核心思想是，发展中国家之所以无法摆脱发展困境是由于人口的增长速度过快，人口的较快增长是人均收入无法迅速提高的"陷阱"。因此，为了实现发展，大规模地加大投资成为了发展中国家的必然选择，而且投资的增长速度一定要快于人口的增长速度，只有这样人均收入才有可能提高，经济才能获得足够的动力进而发展。可见，纳尔逊认为较低的人均收入水平是造成"低水平均衡陷阱"的根本原因，若想要逃离这个"陷阱"，就必须设法迅速且大幅度地提高人均收入水平，并且增长速度要快于人口数量的增长。

"低水平均衡陷阱"理论对发展中国家和贫困地区发展经济和摆脱贫困具有一定的启示意义。纳尔逊认为低收入水平是造成发展中国家深陷"陷阱"的根本原因，而低收入的产生又可以归结为资本形成不足，以此推断有效的资本形成就成为打破经济发展桎梏的关键所在；纳尔逊还提出实现资本有效形成需通过大规模的投资来实现，投资加大产生资本形成，进而促进经济增长；纳尔逊多方面分析了发展中国家和贫困地区发展停滞的原因，认为有效的资本形成是摆脱发展

"陷阱"的关键。针对这样的结论,深化改革、加速金融体系创新、大规模扩大投资等成为发展中国家和落后地区必然的政策选择。

(三) 莱宾斯坦的临界最小努力理论

1957年,美国经济学家哈维·莱宾斯坦(Harvey Leeibenstein)提出了临界最小努力理论(The Theory of Cirtical Minimum Effect),研究的出发点正是上文提到的恶性循环理论和低水平均衡陷阱理论。莱宾斯坦认为,如果发展中国家想要跳出恶性循环的"陷阱",必须借助外界某种推动力,而且这种推动力一定要足够大,才能打破经济发展的停滞状态,这种足够大的最初推动力就是莱宾斯坦所说的临界最小努力。具体来讲,这种临界最小努力应该实现平均收入的增长速度超过人口的增长速度,从而使人均收入水平大幅提高,这样才有可能打破原有的循环过程,换句话说,超过人口增长的投资增长率就是临界最小努力。莱宾斯坦还指出了必须施以临界最小努力的四点理由:一是克服内部不经济,实现企业的规模化经营;二是克服外部不经济,达到快速平衡发展的目的;三是克服人口增长速度过快对一国经济发展的不利影响;四是克服文化、习俗、制度等非经济因素对发展的抑制作用。临界最小努力同样强调资本形成的重要性,对我国认识和摆脱贫困具有一定的启发作用,但是应该警惕不能过分强调资本形成的作用而忽视其他因素的影响。

(四) 冈纳·缪尔达尔的综合反贫困理论

冈纳·缪尔达尔是20世纪80年代最著名的贫困经济学家,因其在贫困研究领域的突出贡献,1974年被授予了诺贝尔经济学奖。他最主要的研究集中于南亚地区,在该地区他历时10年之久通过卓有成效的调查和研究工作,形成了自己的反贫困理论体系。与之前贫困学者观点不同,缪尔达尔认为市场—价格机制无法实现对不发达国家经济自然的促进作用,基于不发达国家与发达国家在结构和制度上面的诸多差异,对不发达国家的经济发展问题和贫困问题应该更多地从结构和制度层面进行研究,促使不发达国家在经济、政治、社会等多层面进行改革。该种观点在其所著的《亚洲的戏剧》一书中有重点分析,缪尔达尔认为不发达国家必须从下述三个方面进行改革。

首先,推行土地改革。缪尔达尔认为南亚各国的土地关系状况虽各有不同,但是也存在相似的方面,尤其是土地所有制和租佃关系成为阻碍农户生产积极性和效率的最大障碍。正是由于落后的土地制度才导致大部分不发达国家农业产量普遍偏低，因而针对土地所有制和租佃关系的土地改革势在必行。其次，推行教育改革。教育事业面临的最大困境是教育水平的提高并没有对贫困地区产生预期的积极作用，仅使少数受教育者获得利益。这是因为，在不发达国家教育事业的发展往往呈现出以下状况，执政者更愿意发展中高等教育，初级教育相对发展缓慢，学龄儿童入学率低，最终导致无法有效提高教育的整体水平，且学生就学带有较强的功利性，都想通过受教育摆脱生活的困境，而这个目的一旦达到，其就业方向往往是城市，而不是所生活的农村或者其他贫困地区，仅解决了自身的贫困问题，并没有产生更大的效果。因此，教育事业必须进行改革，改革内容大体包括：优先发展初等教育，广泛开展成人教育；转变原先的教育方向，缩减中高等教育规模；开展专业技术培训和职业培训，提供医生、教师等方面的人才。最后，推行权力改革。在南亚地区的大多数不发达国家中，权力通常掌握在地主、企业家、银行家以及代表他们利益的官员等少数人手中，其目的是自身获利而不是国家发展，因而必须进行权力改革，将权力还给人民，由人民决定国家的发展。

（五）舒尔茨的促进人力资本反贫困战略理论

20世纪60年代中期，西奥多·舒尔茨等一批发展经济学家发出了与以往贫困研究学者只重视资本投入不同的声音，他们将研究重点放在被忽视的人力资本因素上，研究和关注人力资本与经济发展的关系。1960年，在美国经济学学会上，舒尔茨发表了题为《人力资本投资——一个经济的观点》的著名演说。在这场演说中，他提出了一个著名的观点："经济发展主要取决于人的质量，而不是自然资源的丰瘠或资本存量的多寡。"从这一观点出发，舒尔茨得出了与以往学者大相径庭的结论，即不发达国家之所以陷入贫困在很大程度上不是由于物质资本的短缺而在于人力资本的匮乏和对人力资本投资的重视不足，而且这种现象在发展中国家中非常普遍。舒尔茨认为，贫困者无法获得足够的人力资本投资是其长期无法摆脱贫困的根源所在，父母对子女教育投入不足且缺少投资热情是导致贫困代际传递的原因之一。要想改变贫困者的困境，决定因素不在于资源、耕地等物质资料的供给，而在于人口质量的提高和贫困者知识的增进。舒尔茨的研究将人力资本与贫困问题联系起来，从经济学角度解释了贫困问题产生的根源、贫困的代际传递等重点问题，提出了反贫困策略，并提供了分析框架。舒尔茨的人力资本理论对很多发展中国家的反贫困事业都产生了广泛而深远的影响，引起了人们对提高人口质量的重视，这也成为了解决贫困问题的关键所在。

第三章　新疆农村贫困的状况及特点

　　自国家八七扶贫攻坚计划实施以来，新疆在解决农村贫困问题上取得了长足的进步。但与国内其他地区相比，新疆农村贫困问题依然严峻，特别是贫困的区域性与民族性特征十分突出，贫困人口主要分布于北疆高寒山区和南疆干旱荒漠地区，贫困集中连片，经济发展滞后，生产生活条件艰苦，基础公共设施落后，扶贫开发的成本高、难度大。从现有研究成果来看，关于新疆农村贫困状况描述主要是基于年度统计数据的描述分析，运用国际上常用的FGT贫困度量指数测度新疆农村贫困的研究成果较少，进一步从经济增长、收入分配等角度对新疆农村贫困变动效应进行研究的成果更少。国内有王雨林（2008）运用FGT指数测度了1978~2005年新疆农村贫困的程度，但在各年份均运用Beta模型求解FGT指数，研究结论还有待商榷，同时也未深入分析经济增长与收入分配对新疆农村贫困变动的影响。本章拟以新疆农民收入分组数据，测算新疆农村的FGT贫困指数，多层次分析新疆贫困状况，并考察一系列相关问题；运用拟合效果最佳的Lorenz曲线模型测算FGT贫困指数，从定量角度测度八七扶贫攻坚计划以来新疆农村贫困的规模、深度与强度，通过对FGT贫困指数的分解进一步分析经济增长、收入分配因素对新疆农村贫困的变动效应。

一、理论分析框架

(一) 贫困测度指数选取

如何有效测度贫困一直是国内外贫困理论研究的热点和难点。传统测度贫困的方法主要应用单一贫困指数,一是通过贫困人口数来衡量贫困,如贫困总人口数、贫困发生率;二是通过贫困人口的收入水平来衡量贫困,如收入缺口、收入平均缺口和收入缺口率。Sen(1976)对单一贫困指数提出了批评,认为它们不能反映贫困人口之间的收入分布,即不平等程度,并提出了 Sen 贫困指数。对于 Sen 贫困指数,很多学者认为它存在一定缺陷,不能排除相对价值判断对贫困指数的影响。在 Sen 的启发下,一些新的贫困测度方法相继面世,其中较有影响的是 Foster、Greer 和 Thorbecke(1984)构建的 FGT 贫困指数。FGT 贫困指数不仅能够全面反映贫困状况,而且通过对该指数的分解可以度量经济增长和收入分配等因素对贫困变动的影响。因此,国内外很多专家学者主要是运用 FGT 贫困指数(如 Datt and Ravallion,1992;魏众和古斯塔夫森,1998;杨国涛、王广金,2006;胡兵、胡宝娣和赖景生,2007;张全红和张建华,2007)来测度贫困及分解贫困变动的原因,并得到了有启发的结论。基于此,本书采用 FGT 贫困测度指数研究新疆农村贫困状况及其变动效应,该指数的连续形式为:

$$p_\alpha = \int_0^z \left(\frac{z-x}{z}\right)^\alpha f(x)dx \quad (\alpha = 0,1,2) \tag{3-1}$$

式中,x 为居民收入;f(x) 为居民收入分布的密度函数;z 表示贫困线。

当 $\alpha = 0$ 时,p_0 为贫困发生率(Head count Index,下文用 H 表示),是贫困广度指标,反映贫困人口占总人口的比例;当 $\alpha = 1$ 时,p_1 为贫困距指数(Poverty Gap Index,下文用 PG 表示),是贫困深度指标,反映贫困人口的收入与贫困线之间的相对距离;当 $\alpha = 2$ 时,p_2 为平方贫困距指数(Squared Poverty Gap Index,下文用 SPG 表示),是贫困强度指标,由于越贫困的人口越远离贫困线,该指标相当于在加权平均时赋予更贫困人口以更大的权数,揭示了贫困人口内部的收入差距。考察贫困距指数,可以帮助人们注重降低贫困人口的贫困程度而不是单纯注重减少贫困人口的数量；而考察平方贫困距指数，更有助于人们关注收入最低人群的福利。

（二）基于洛伦兹曲线的 FGT 贫困指数的计算

FGT 贫困指数主要是基于两种参数化的洛伦兹曲线计算求得：一是 GQ 模型；二是 Beta 模型。用 P 表示累计人口比例，L 表示累计收入比例，两个模型的表达式分别为：

GQ 模型：$L(1-L) = \alpha(P^2 - L) + bL(P-1) + c(P-L)$ （3-2）

Beta 模型：$L(P) = P - \theta P^{\gamma}(1-P)^{\delta}$ （3-3）

采用哪种模型更能反映农村居民的收入分布情况，研究者对此观点不一，王雨林（2008）运用 Beta 模型拟合了中国农村贫困的 Lorenz 曲线；杨国涛、王广金（2005）运用 GQ 模型测度了中国农村贫困；胡兵、胡宝娣和赖景升（2005）通过比较两种模型的拟合效果选取最佳模型反映中国农村贫困的收入分布。本书在拟合 Lorenz 曲线时，通过比较两种模型参数的 t 值与调整的可决系数等，选取最佳洛伦兹曲线反映新疆农村居民收入分布状况。

利用 GQ 洛伦兹曲线计算 FGT 贫困指数的具体公式如下：

$$L(P) = -\frac{1}{2}\left(bp + e + \sqrt{mp^2 + np + e^2}\right)$$ （3-4）

$$H = -\frac{1}{2m}\left(n + r\frac{(b + 2z/u)}{\sqrt{(b + 2z/u)^2 - m}}\right)$$ （3-5）

$$PG = H - \frac{u}{z}L(H)$$ （3-6）

$$SPG = 2PG - H - \left(\frac{u}{z}\right)^2\left[aH + bL(H) - \frac{r}{16}\ln\left(\frac{1 - H/s_1}{1 - H/s_2}\right)\right]$$ （3-7）

其中，z 为贫困线；u 为农村居民的人均收入水平。

$e = -(a + b + c + 1)$；$m = b^2 - 4a$；$n = 2be - 4c$；$r = \sqrt{n^2 - 4me^2}$；$s_1 = \frac{r - n}{2m}$；

$s_2 = \frac{r + n}{2m}$ （3-8）

利用 Beta 洛伦兹曲线计算 FGT 贫困指数的具体公式如下：

$\theta H^{\gamma}(1-H)^{\delta}\left(\frac{\gamma}{H} - \frac{\delta}{1-H}\right) = 1 - \frac{z}{u}$ 利用此公式可求解出 H，从而

$$PG = H - \frac{u}{z}L(H) \tag{3-9}$$

$$SPG = \left(1 - \frac{u}{z}\right)\left[2PG - \left(1 - \frac{u}{z}\right)H\right] + \left(\frac{\theta u}{z}\right)^2 [\gamma^2 B(H, 2\gamma-1, 2\delta+1) - 2\gamma\delta B(H, 2\gamma, 2\delta) + \delta^2 B(H, 2\gamma+1, 2\delta-1)] \tag{3-10}$$

$$其中, B(x, \alpha, \beta) = \int_0^x y^{\alpha-1}(1-y)^{\beta-1} dy \tag{3-11}$$

(三) FGT 贫困指数的分解

贫困指数的变化可以看成是经济增长、收入分配、贫困线调整三种因素相互作用的结果。在以往的研究中，大部分学者都采用了 Datt 和 Ravallion (1992)、Dhongde (2004)、林伯强 (2003)、盛来运 (2004) 等提出的分解方法，这类方法有一个共同点就是需要固定贫困线，这就会面临贫困线选择的随意性和主观性、忽视贫困线调整对贫困指数的影响等问题，对中国而言，贫困线是动态调整的，我们应该将贫困线变动所产生的影响考虑在内。Shorrocks (1999) 提出的分解法，不仅克服了其他分解法分解不完全和有一定随意性等缺点，还具有一般性，适用于多个因素同时变动的情况①。具体分解方式如下：

首先，可将某年度的贫困指数表示为 P = P (μ, L, z)，其中 μ 表示农村居民的人均纯收入，L 表示为该年度农村居民收入的分配情况，z 为该年的贫困线。

其次，设报告期的贫困水平为 $P_1 = P(\mu_1, L_1, z_1)$，基期为 $P_0 = P(\mu_0, L_0, z_0)$，基期至报告期贫困水平的变动为：$\Delta P = P(\mu_1, L_1, z_1) - P(\mu_0, L_0, z_0)$。

再次，贫困水平的变动又可以从经济增长（μ）、收入分配（L）、贫困线调整（z）三个方面单独研究。根据 Shorrocks (1999) 分解法，每一种因素变动所产生的影响可按照 6 种不同的顺序进行，分别是：

$$\Delta P(\mu) = \frac{1}{6}\left\{\begin{array}{l} 2[P(\mu_1, L_0, z_0) - P(\mu_0, L_0, z_0)] + [P(\mu_1, L_1, z_0) - P(\mu_0, L_1, z_0)] + \\ [P(\mu_1, L_0, z_1) - P(\mu_0, L_0, z_1)] + 2[P(\mu_1, L_1, z_1) - P(\mu_0, L_1, z_1)] \end{array}\right\} \tag{3-12}$$

---

① Shorrocks A. Decomposition Procedures for Distributional Analysis [A]. Unpublished Manuscript, Department of Economics, University of Essex, 1999.

$$\Delta P(L) = \frac{1}{6} \left\{ \begin{array}{l} 2[P(\mu_0, L_1, z_0) - P(\mu_0, L_0, z_0)] + [P(\mu_1, L_1, z_0) - P(\mu_1, L_0, z_0)] + \\ [P(\mu_0, L_1, z_1) - P(\mu_0, L_0, z_1)] + 2[P(\mu_1, L_1, z_1) - P(\mu_1, L_0, z_1)] \end{array} \right\}$$

(3 – 13)

$$\Delta P(z) = \frac{1}{6} \left\{ \begin{array}{l} 2[P(\mu_0, L_0, z_1) - P(\mu_0, L_0, z_0)] + [P(\mu_1, L_0, z_1) - P(\mu_1, L_0, z_0)] + \\ [P(\mu_0, L_1, z_1) - P(\mu_0, L_1, z_0)] + 2[P(\mu_1, L_1, z_1) - P(\mu_1, L_1, z_0)] \end{array} \right\}$$

(3 – 14)

最后，贫困水平的总体变化分解为：$\Delta P = \Delta P(\mu) + \Delta P(L) + \Delta P(z)$，这种分解方法既不受计算方法和计算顺序的影响，而且分解是完全的，即总变化中没有剩余的或未被解释的部分。

二、新疆农村 FGT 贫困指数及与全国的比较

为测算新疆农村 FGT 贫困指数，笔者将测算区间限定为 1994～2010 年。1994 年恰逢国家八七扶贫攻坚计划开始实施的年份，研究该计划实施至 2010 年新疆农村贫困程度的变化情况具有很强的现实意义和参考价值。本节所采用的数据来自于 1995～2011 年历年《新疆统计年鉴》中农村居民家庭人均纯收入分组数据。数据是通过国家统计局新疆调查总队对新疆农户抽样调查得来，按照农民收入情况划分为 15 个不同的收入分组，每一个分组包括该组农民的人均年纯收入和该组农民所占的人口比重两部分内容。贫困线标准采用国家统计局每年公布的国家农村绝对贫困线标准。其中，2008 年底国家对贫困线作出了调整，绝对贫困线和相对贫困线两线合并，实现统一的贫困标准。具体分组情况和数据如表 3 – 1 所示。

结合 1994～2010 年新疆农村的相关数据，分别采用 GQ 模型和 Beta 模型测算新疆农村的 FGT 指数，根据各年数据与洛伦兹曲线的拟合情况以及比较两种模型参数的 t 值和调整的可决系数，我们发现 1994 年、1995 年、2005～2010 年更适合采用 Beta 模型测算，而 1996～2004 年更适合采用 GQ 模型进行测算。具体的测算结果如表 3 – 2 所示。

表3-1 新疆部分年份农民收入分组情况

分组情况（元）	1995年		1997年		1999年	
	构成（%）	人均纯收入（元）	构成（%）	人均纯收入（元）	构成（%）	人均纯收入（元）
0~100	0.79	65.99	0.53	35.63	0.68	40.36
100~200	2.70	151.03	0.76	163.31	1.03	156.80
200~300	3.44	257.30	2.27	255.50	2.07	248.06
300~400	6.54	347.71	2.70	351.41	3.00	349.59
400~500	8.13	445.54	4.32	447.27	5.25	448.39
500~600	8.16	549.52	6.64	550.97	6.59	541.01
600~800	15.44	694.74	10.67	697.11	11.70	702.76
800~1000	12.91	898.491	12.02	904.46	10.94	898.73
1000~1200	8.95	106.841	9.37	1109.26	11.73	1094.66
1200~1300	3.36	242.32	4.74	1249.98	4.31	1249.71
1300~1500	6.96	1401.29	7.40	1388.57	7.10	1395.00
1500~1700	4.87	1587.39	7.62	1601.05	6.79	1595.05
1700~2000	4.71	1836.18	8.52	1846.76	6.67	1839.92
2000~2500	5.14	2259.04	7.38	2212.50	8.45	2227.80
2500~3000	3.10	2689.80	5.98	2727.79	4.87	2721.91
3000~3500	2.21	3232.92	3.23	3238.06	3.06	3225.44
3500~4000	1.15	3748.75	2.41	3710.11	1.94	3741.90
4000~4500	0.51	4168.50	1.23	4246.32	0.97	4217.10
4500~5000	0.30	4702.73	0.47	4749.92	0.93	4742.43
5000以上	0.63	7106.58	1.74	6256.68	1.92	6594.87
分组情况（元）	2002年		2006年		2010年	
	构成（%）	人均纯收入（元）	构成（%）	人均纯收入（元）	构成（%）	人均纯收入（元）
0~400	3.73	260.95	1.80	75	1.48	-1099.26
400~600	6.48	509.80	2.67	519	0.50	510.24
600~800	9.94	704.96	5.46	717	1.63	697.87
800~1000	10.87	897.51	6.73	903	1.55	906.62
1000~1200	8.20	1091.15	5.85	1104	2.93	1090.95
1200~1500	11.77	1348.92	11.63	1344	5.12	1335.52

第三章 新疆农村贫困的状况及特点

续表

分组情况（元）	2002年		2006年		2010年	
	构成（%）	人均纯收入（元）	构成（%）	人均纯收入（元）	构成（%）	人均纯收入（元）
1500～1700	5.93	1586.17	6.02	1601	4.10	1597.46
1700～2000	8.29	1830.59	8.09	1847	7.00	1858.73
2000～2500	12.57	2226.50	9.88	2229	10.22	2234.60
2500～3000	6.75	2726.83	9.71	2733	7.78	2757.43
3000～3500	4.45	3246.81	6.80	3247	7.37	3246.15
3500～4000	3.27	3695.24	5.84	3720	7.80	3737.73
4000～4500	2.31	4194.80	4.53	4256	5.34	4239.74
4500～5000	1.62	4757.62	3.37	4714	5.04	4725.73
5000以上	3.82	6695.07	11.62	7578	32.14	9013.66

资料来源：历年《新疆统计年鉴》。

表3-2　1994～2010年新疆农村FGT贫困指数　　　　　单位:%

年份	贫困线（Z）	贫困发生率（H）	贫困深度（PG）	贫困强度（SPG）	选用的模型
1994	440	21.4974	6.7430	3.1184	Beta
1995	530	33.8769	13.1950	6.6385	Beta
1996	640	18.1390	7.9572	4.9954	GQ
1997	635	19.5198	6.1465	2.6351	GQ
1998	625	17.6223	5.1749	2.0657	GQ
1999	625	20.6490	6.4838	2.7616	GQ
2000	625	17.1911	4.6170	1.6757	GQ
2001	630	14.3555	3.6991	1.2923	GQ
2002	627	13.3351	3.4177	1.1804	GQ
2003	637	12.7521	3.1079	1.0139	GQ
2004	668	9.5654	1.9615	0.5403	GQ
2005	683	8.6484	2.2859	0.9457	Beta
2006	693	8.1813	2.8778	1.7090	Beta
2007	786	7.5719	3.0789	2.2338	Beta
2008	1067	8.1707	4.4348	5.2586	Beta
2009	1196	10.0529	3.9461	2.8659	Beta
2010	1274	9.1880	5.3884	6.7602	Beta

从表3-2中我们不难看出,新疆农村贫困程度在1994~2010年波动较频繁,具有阶段性特点,尤其是贫困距指数和平方贫困距指数。

在计算FGT贫困指数的过程中,我们还可以利用相关参数计算新疆农村的基尼系数(GiNi index)。基尼系数是根据洛伦兹曲线所定义的判断收入分配公平程度的指标。本书运用该指标来综合考察新疆农牧民内部收入分配差异状况,计算结果绘制成折线图,如图3-1所示。

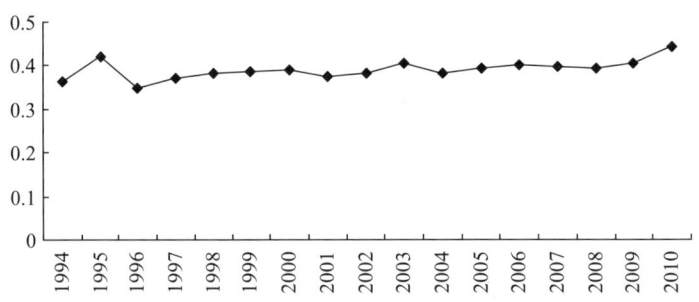

图3-1 1994~2010年新疆农村历年基尼系数

从图3-1可以看出,这17年来新疆农村的基尼系数波动不大,大体上维持在0.4左右。根据国际标准通常将0.4作为收入分配差距的"警戒线"(更准确的值应为0.382),一旦超过这一数值就认为该地区的收入差距较大。在这17年间,新疆农村基尼系数有13年超过了这一数值,只有4年略低于该值。其中,最大值为0.445,最小值为0.35,而最大值就出现在2010年。可见,新疆农村的收入分配状况不容乐观,正处在危险的边缘,并且有进一步恶化的趋势。通常认为收入分配状况的恶化是社会动荡的一个非常重要的诱因,尤其是对新疆这样一个多民族、多宗教、多文化共存的特殊地区而言更关键,这一问题的妥善解决将直接关系祖国边疆的安全与稳定。

新疆农村贫困发生率、贫困距指数和平方贫困距指数的变化趋势具有明显的阶段性特点,大体可以分为四个阶段:1994~1999年、2000~2004年、2005~2007年和2008~2010年。具体变化趋势如图3-2所示。

第一阶段:1994~1999年。这个阶段,贫困发生率、贫困距指数和平方贫困距指数都具有较明显的波动性,呈现出一年高、一年低的特征,总体下降趋势不明显。1995年,贫困程度最严峻,贫困发生率、贫困距指数和平方贫困距指数

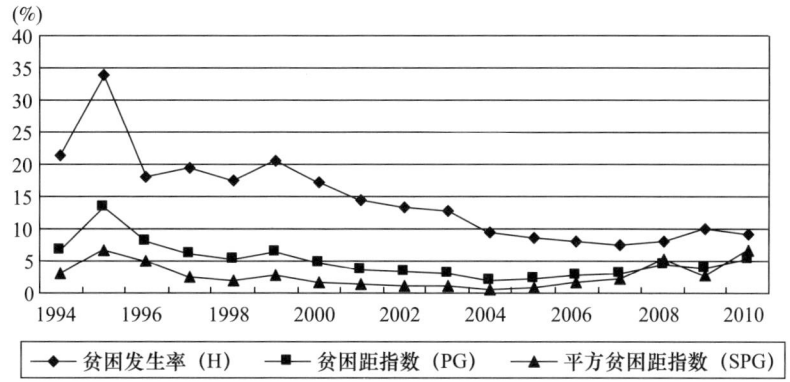

图 3-2 新疆农村 FGT 贫困指数变化趋势

分别达到33.88%、13.2%、6.64%。到1996年贫困程度有较大程度的缓解,分别下降到18.14%、7.96%和5%。而1998年是该时间段内相对较好的一年,FGT贫困指数依次为17.62%、5.17%、2.07%。

第二阶段:2000~2004年。这个阶段,FGT贫困指数全面下降,新疆农村的贫困状况得到了较好的改善。其中,贫困发生率从17.19%下降到9.57%,下降幅度将近8个百分点;贫困距指数下降同样明显,从4.62%下降到1.96%,表示贫困农户距离贫困线的相对距离明显缩小;平方贫困距指数也由1.68%下降到0.54%,意味着贫困人口内部的收入分配状况有所改善。

第三阶段:2005~2007年。这个阶段,FGT贫困指数的变化趋势并不一致。贫困发生率仍呈下降趋势,但减贫速度明显放缓,仅从8.65%下降到7.57%;贫困距指数和平方贫困距指数都有所上升,分别从2.29%上升到3.08%、0.95%上升到2.23%,说明贫困农户距贫困线的相对距离在拉大,同时贫困人口内部的收入状况在恶化。

第四阶段:2008~2010年。这个阶段,FGT贫困指数的变化趋势同样各有不同。贫困发生率先上升后下降,分别为8.17%、10.05%、9.19%;贫困距指数和平方贫困距指数则是先下降后上升,贫困距指数分别为4.43%、3.95%、5.39%,平方贫困距指数分别为5.26%、2.87%、6.76%。应当引起足够重视的是,这个阶段贫困程度虽然有所波动,但基本上高于上一阶段的水平,尤其是贫困距指数和平方贫困距指数反映出来的信息,暗示着新疆农村的贫困状况不容乐观,特别是极端贫困人口的境况,贫困程度有进一步恶化的趋势。

为了进一步说明新疆农村的贫困程度,笔者测算了2002~2010年全国农村FGT贫困指数(见图3-3),通过对比发现以下几点问题:第一,贫困发生率(H)的情况是新疆远远高于全国水平,平均要高出6个多百分点,但是两者间的差距有缩小的趋势,说明新疆降低贫困发生率的速度要快于全国水平。第二,贫困深度(PG)的情况是新疆也高于全国水平,但是差距不大,趋势上看全国变化相对平稳,维持在2%左右,新疆有进一步加深的趋势,2010年达到这个时间段的最大值为5.39%,暗示新疆贫困人口的收入增长速度相对较慢,距离贫困线的相对距离在拉大。第三,贫困强度(SPG)的情况相对复杂,两者相互交替,但是全国贫困强度从没有超过2%,2010年较小为1.27%,而新疆从2006年开始贫困强度超过全国水平,且两者间的差距有加速拉大的趋势,尤其是到了2010年新疆贫困强度达到了6.76%,为历年最大值,意味着新疆贫困人口内部的收入分配状况在迅速恶化,最贫困人口的境况不容乐观。

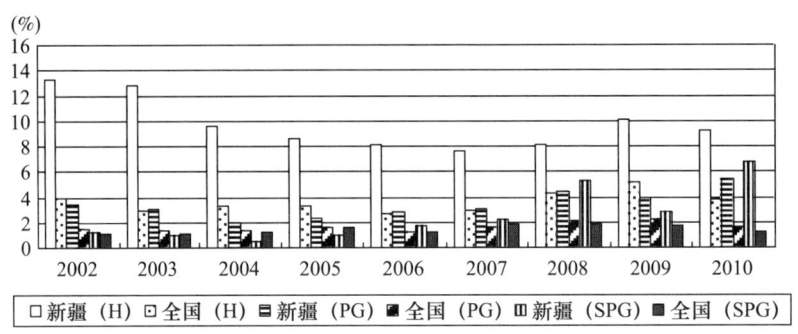

图3-3 新疆与全国FGT贫困指数对比

三、新疆农村FGT指数分解分析

考虑到2000年前后农户收入分组数据的分组区间发生了改变,因此对新疆农村FGT贫困指数分解分析仅选取2000~2010年这个时间段进行分析,即考察西部大开发以来经济增长、收入分配及贫困线分别对新疆贫困程度的影响。采用的方法为 Shorrocks（1999）分解法，分别选取 2000~2004 年、2005~2007 年、2008~2010 年以及 2000~2010 年 4 个研究区间进行贫困指数的分解分析（见表 3-3）。

表 3-3 新疆农村 FGT 贫困指数分解结果

时间段	贫困指标的变动	总体变动	经济增长效应	收入分配效应	贫困线变动影响
2000~2004 年	ΔH	-9.9383	-9.5549	0.0003	1.9288
	ΔPG	-3.5392	-3.2237	-0.1106	0.6787
	ΔSPG	-1.5572	-1.3512	-0.0791	0.2948
2005~2007 年	ΔH	-1.0765	-4.0123	0.1659	2.7699
	ΔPG	0.7930	-0.3725	0.7764	0.3891
	ΔSPG	1.2881	-0.4432	0.9720	0.7593
2008~2010 年	ΔH	1.8885	-0.7338	0.5701	2.0522
	ΔPG	-0.4887	-0.9838	-0.0240	0.5191
	ΔSPG	-2.3927	-2.2412	-0.5505	0.3990
2000~2010 年	ΔH	-7.1319	-25.0628	-0.4706	18.4015
	ΔPG	-0.6709	-10.1682	2.2969	7.2004
	ΔSPG	1.1902	-6.2307	4.1590	3.2620

从 2000~2010 年整个时间段来看，贫困广度和贫困深度都有所下降，尤其是贫困发生率下降幅度比较明显，但是贫困强度却加强，意味着新疆农村贫困人口内部的收入差距扩大，最贫困人口的生活状况进一步恶化，需要引起重视。从经济增长和收入分配产生的影响来看，经济增长的减贫效应非常明显，对降低 3 个贫困指标都非常有效；收入分配状况的改变略微缩小了新疆农村的贫困面，但却由于分配均等状况的恶化加重了新疆农村的贫困深度和贫困强度。

从分阶段来看：2000~2004 年，贫困各方面都得到了不同程度的改善，经济增长的作用最明显，是这个阶段贫困程度下降最重要的原因，收入分配和贫困线变动的影响都不是十分明显。2005~2007 年，除贫困发生率略有下降外，贫困距指数和平方贫困距指数都有所回升，意味着贫困人口距离贫困线的相对距离增大了，同时贫困人口内部收入差距也在拉大。一方面，经济增长起到了抑制贫困的作用，但是并没有给最贫困人口带来足够的关注；另一方面收入分配恶化和贫困线的上调进一步加重了新疆农村的贫困程度。2008~2010

年,贫困面有所扩大,而贫困深度和贫困强度减小,尤其是平方贫困距指数下降比较明显,归因于经济增长仍然减小着新疆农村的贫困程度,特别是更增强了对最贫困人口的关注,弥补了上个阶段的不足,收入分配虽然小幅度提高了新疆农村的贫困发生率,但是却降低了贫困距指数和平方贫困距指数,说明在贫困人口内部收入分配状况有所改善。总之,从各阶段的分解结果来看,经济增长效应是新疆农村贫困程度下降的最重要因素,收入分配在各阶段作用不一,对新疆而言积极作用往往表现为贫困人口内部收入分配状况的改善,而贫困线的变动则不同程度地提高了新疆农村的贫困水平,最明显的是对新疆农村贫困面的扩大效应。

四、新疆农村 FGT 贫困指数的敏感性分析

前文的研究虽然讨论了变动的贫困线标准对新疆农村贫困的影响,但是都比较笼统,下面我们单独研究一下贫困线变动的具体影响,也就是说,贫困指标对贫困线变动的敏感程度。这里我们选取几个比较有代表性的年份将其各年的贫困线分别提升10%、40%、60%、80%,在此基础上讨论各个贫困指标对贫困线变动的敏感程度(见表3-4)。

表3-4　新疆农村贫困指标的敏感度

年份	2000			2004			2007			2010		
Z	H	PG	SPG	H	PG	SPG	H	PG	SPG	H	PG	SPG
1	1	1	1	1	1	1	1	1	1	1	1	1
1.1	1.20	1.28	1.37	1.25	1.41	1.59	1.20	1.15	1.08	1.22	1.17	1.09
1.4	1.79	2.20	2.69	2.03	2.82	3.93	1.89	1.72	1.43	1.98	1.78	1.45
1.6	2.18	2.85	3.69	2.55	3.86	5.86	2.40	2.16	1.72	2.54	2.28	1.76
1.8	2.56	3.51	4.76	3.08	4.96	7.99	2.94	2.65	2.05	3.11	2.82	2.13

以2010年为例进行分析,如果新疆农村贫困线标准提高10%,贫困发生率

会增加22%，贫困距指数会增加17%，平方贫困距指数会增加9%；如果贫困线提升40%，贫困广度指数会增加98%，贫困深度指数会增加78%，贫困强度指数会增加45%；如果贫困标准提高60%，贫困发生率会增加154%，贫困深度指数会增加128%，贫困强度指数会增加0.76%；如果贫困线上调80%，贫困广度指数会增加211%，贫困深度指数会增加182%，贫困强度指数会增加113%。分析结果表明：各贫困指标对贫困线变动的敏感程度不一，贫困广度指标最敏感，贫困深度指标也具有比较高的敏感性，而贫困强度指标的敏感性较差。可见，采用不同的贫困线度量新疆农村的贫困程度，对贫困程度的三个层面都有不同程度的影响，总体来看，新疆农村各贫困指标对贫困线变动的敏感性还是比较强的。其实，贫困线的上调可以理解为国家为了应对物价上涨而采取的一种主动行为，虽然造成了贫困程度的加强，却使更多的贫困脆弱人口得到了更多的关注以及相关政策的保护，从长远来看其实是避免了这一部分人真正落入贫困的深渊，这也就是为什么很多国内相关学者一再呼吁上调国家贫困线的原因之一。

纵观这4年的变动情况，总体上贫困指标对贫困线变动的反应都是一致的，贫困线较小的变动都会引起各贫困指标不同程度的增加。只是对不同贫困指标的具体影响在各年略有不同，比如，2000年和2004年贫困强度指标对贫困线变动的敏感性最高，而在2007年以及2010年这种敏感程度明显下降，这主要归因于新疆农村贫困人口内部收入差距的不断缩小，最贫困人口的生活状况得到了一定的改善。此外，各年贫困线从110%提高到140%时，曲线的斜率最高，也就是说，位于次区间的人口相对比较多。这部分人属于低收入组中的贫困脆弱人口，换句话说，他们虽然不是贫困人口，但是一旦贫困线发生较小幅度的变动，这部分人就很有可能沦为贫困人口，贫困深度和强度也将随之恶化，所以这个群体应该引起相关部门的足够重视。通过对各年贫困线变动的模拟分析再次表明：各贫困指标对贫困线较小幅度的变动具有较高的敏感性，即贫困标准的提高，会导致3个贫困指标都有不同程度的大幅上升。

五、本章小结

本章利用1994~2010年农户收入分组数据，采用FGT测度指数和Shorrocks

（1999）的分解方法，测算了新疆贫困发生率、贫困距指数和平方贫困距指数，并从经济增长和收入分配的角度分析了贫困变动的原因。研究主要发现：样本期间新疆农村收入差距较大，收入分配状态有恶化的趋势；新疆农村贫困发生率、贫困距指数和平方贫困距指数的变化趋势具有明显的阶段性特点，贫困广度和贫困深度都有所下降，但是贫困强度却加强，意味着新疆农村贫困人口内部的收入差距扩大，极端贫困人口的生活状况进一步恶化；从经济增长和收入分配产生的影响来看，经济增长的减贫效应非常明显，对降低3个贫困指标都非常有效；收入分配状况的改变略微缩小了新疆农村的贫困面，但却由于分配均等状况的恶化加重了新疆农村的贫困深度和贫困强度，贫困线的变动则不同程度地提高了新疆农村的贫困水平，最明显的是对新疆农村贫困面的扩大效应；进一步模拟发现各贫困指标对贫困线较小幅度的变动具有较高的敏感性，即贫困标准的提高，会导致3个贫困指标都有不同程度的大幅上升。

第四章 新疆农村贫困的动态性及贫困的成因研究

一、文献回顾

家庭贫困状况是不断变动的，单一年度上的贫困状况仅仅是贫困跨期变动的结果，不能全面反映家庭贫困状况的变动特征，因此从贫困动态性视角研究家庭多期贫困变化已成为学术界研究贫困问题的热点。国内外学者对动态贫困的研究主要集中于动态贫困的定义、动态贫困的决定因素等。在动态贫困的界定上，还没有统一的划分标准，术语上也没有统一规范，应用最多的还是暂时性贫困和慢性贫困，如 Jalan 和 Ravallion（1998）、Hulme 等（2001）、Widyanti 等（2009）、Duclos 等（2010）；关于贫困的决定因素，Ingrid 和 Stephan（2005）、Liverpool - Tasie 等（2011）、Teguh 和 Nurkholis（2013）等文献表明农户贫困的决定因素复杂，由于研究区域的差异以及农户特征的异质性，导致不同地区农户的致贫因素也并不完全相同。

基于农户层面从动态视角研究中国贫困的文献很有限。Jalan 和 Ravallion（1998）应用中国东南 4 省（广东、广西、贵州和云南）5854 户家庭的面板数据，得出 1985~1990 年的中国贫困主要是暂时性贫困；Jean - Yves 等（2010）、Wan 和 Zhang（2013）研究得出中国农村贫困主要是慢性贫困；于敏（2011）发现贫困县农民长期贫困程度小于短期贫困。但这些文献缺乏因病致贫、因学致贫等家庭特征因素，也没有考虑致贫的灾害等村庄特征因素，而这些因素是导致农户贫困的重要因素（Liu et al. , 2003），导致研究结果可能存有偏性。

现阶段，中国贫困主要集中于边疆地区、民族地区或革命老区。新疆是一个集边疆、民族和贫困于一体的特困地区，其贫困程度深且贫困面广，并呈典型的连片贫困特征。长期以来，国家对新疆少数民族地区实施宽松的计划生育政策，导致此地区具有人口增长过快、人地矛盾突出、生态环境恶劣等问题。大多研究结论都表明新疆农村人地矛盾突出、生态恶化是导致新疆贫困的主要因素。但是，至今还没有运用微观数据实证研究新疆家庭特征对贫困动态性的影响。本章主要运用新疆 3000 户农户 2008 ~ 2010 年的面板数据，从动态贫困的视角探究农户贫困的本质和原因。本章还区分了新疆农户的贫困类型，即哪些农户属于慢性贫困，哪些农户属于暂时性贫困，分析了他们在家庭特征变量及村庄特征变量上的差异性以及不同类型贫困户的区域分布；在控制了地区效应后，进一步实证分析了家庭特征与村庄特征对农户动态贫困的影响，研究结论将为政府扶贫对策提供微观基础与创新的思路。

二、数据、模型与方法

（一）数据

本章数据主要来源于新疆农村贫困监测数据，时间为 2008 ~ 2010 年，每年的调查户为 3000 户，分布于新疆 30 个贫困县，这些贫困县主要位于 8 个地区，其中南疆三地州最严重，约有 19 个贫困县，属典型的连片特困地区。贫困县的分布具体为：哈密地区（2 个）：巴里坤哈萨克自治县、伊吾县；伊犁地区（2 个）：察布查尔锡伯自治县、尼勒克县；塔城地区（3 个）：托里县、裕民县、和布克赛尔蒙古自治县；阿勒泰地区（2 个）：青河县、吉木乃县；阿克苏地区（2 个）：乌什县、柯坪县；克州（4 个）：阿图什市、阿克陶县、阿合奇县、乌恰县；喀什地区（8 个）：疏附县、疏勒县、英吉沙、莎车县、叶城县、岳普湖县、伽师县、塔什库尔干塔吉克自治县；和田地区（7 个）：和田县、墨玉县、皮山县、洛浦县、策勒县、于田县、民丰县。抽样采用随机起点，对称等距的方法。数据信息丰富，涉及农户人口特征以及所处村庄的耕地面积、粮食产量等相关情况。

(二) 核心变量的说明

本书中的贫困仅指经济范畴的贫困，可定义为一个家庭的生活水平达不到一种社会可以接受的最低标准（即国家扶贫标准线）。

研究动态贫困的决定因素，需将动态贫困划分为不同类型。借鉴 Widyanti 等（2009）对贫困的划分标准，本节将动态贫困划分为慢性贫困与暂时性贫困。3 年中每年都贫困或有 2 年贫困定义为慢性贫困，仅有 1 年贫困定义为暂时性贫困；3 年都不贫困的农户是非贫困户，贫困户划分为慢性贫困户和暂时性贫困户。

本节研究的家庭特征包括影响贫困的家庭基本情况与其他家庭特征。家庭基本情况包括家庭的基本情况如子女数（18 岁以下）、老人数（60 岁以上）、劳动力占比、劳动力最高文化程度；反映因病致贫与因学致贫的家庭人口特征包括残疾人数、患病人数以及每年教育费用支出等。

村庄特征变量主要包括粮食播种面积、其他农作物播种面积、粮食亩产量、是否遭受自然灾害、地方病等。

(三) 模型与方法

农户 i 面临不贫困、暂时性贫困和慢性贫困三种状态，可将其设定为不同的取值 0，1，2，$y_i = j = 1, 2, 3$。这些数值是有顺序的数据，可采用有序 Logit 模型来处理。设定模型如下：

$$y_{it}^* = x'_{it}\beta + z'_{it}\theta + D'_{it}\delta + \varepsilon_{it} \qquad (4-1)$$

式中，y_{it}^* 表示不可观测的潜变量；ε 服从逻辑分布，选择规则为：

$$y_{it} = \begin{cases} 0 & \text{if} \quad y_{it}^* \leq \gamma_0 \\ 1 & \text{if} \quad \gamma_0 < y_{it}^* \leq \gamma_1 \\ 2 & \text{if} \quad \gamma_1 \leq y_{it}^* \end{cases} \qquad (4-2)$$

式中，γ_0 与 γ_1 为待估参数，是切点。偏好三种选择的概率分别为：

$$p(y_{it} = 0 | x_{it}) = \Phi(\gamma_0 - x'_{it}\beta)$$
$$p(y_{it} = 1 | x_{it}) = \Phi(\gamma_1 - x'_{it}\beta) - \Phi(\gamma_0 - x'_{it}\beta)$$
$$p(y = 2 | x_{it}) = 1 - \Phi(\gamma_1 - x'_{it}\beta) \qquad (4-3)$$

式中，x_{it} 代表农户 i 在第 t 年的家庭特征变量；z_{it} 表示第 t 年农户 i 所在村庄的特征变量；Φ 为逻辑分布的累计分布函数。

新疆地域广阔，地域之间的地理、文化、习俗差异较大，农户的生活习惯、习俗、思想观念不同。因此，引入地区虚拟变量 D_i，以控制上述因素对贫困的影响。本节应用极大似然估计方法估计上述模型。

三、基本统计分析

改革开放以来，中国政府多次上调国家扶贫标准，近几年更是连续上调。2008 年国家扶贫标准为 1067 元，2009 年上调至 1196 元，2010 年再上调至 1274 元。按照此标准，可以计算出 3 年来新疆农户的贫困变化情况，如表 4 - 1 所示。2008 年新疆贫困户为 339 户，2009 年为 318 户，2010 年进一步减少到 262 户。其中，在这 3 年中每年都贫困的农户为 57 户，占比 1.9%；有 2 年贫困的农户为 159 户，占比 5.3%。由前述定义可得慢性贫困户共有 216 户，占比为 7.2%；只有 1 年贫困的农户即暂时性贫困户为 430 户，占比为 14.3%；3 年每年都不贫困的农户即非贫困户为 2354 户。在 646 户贫困户中，暂时性贫困户占比较大，高达 90%，而慢性贫困户数相对较少，占比 10%。由此可见，新疆目前的贫困主要是暂时性贫困。

表 4 - 1　不同类型农户户数及所占比重

类型	贫困时间（年）	户数（户）	占比（%）
暂时性贫困	1	430	14.3
慢性贫困	2	159	5.3
	3	57	1.9
非贫困	0	2354	78.5

进一步分析不同类型农户在家庭特征变量与村庄特征变量上的差异性，如表 4 - 2 所示。样本期间内非贫困农户的人均收入远远高于贫困农户，为贫困户的 1.76～3.32 倍；在家庭规模与子女数量上，非贫困农户低于贫困农户，且慢性贫困户的子女数量与老人数量均高于暂时性贫困户；贫困户的劳动力占比低于非

贫困户，且慢性贫困户的劳动力占比最低；在劳动力质量上，慢性贫困户中劳动力的最高文化程度是小学以下的农户占比高于其他两类农户；在年教育费用支出上，慢性贫困户的教育费用支出远远大于其他类型农户，大约是非贫困户的1.74倍、暂时性贫困户的1.59倍；平均来看，对于慢性贫困农户，其残疾人数高于其他两类农户，患病人数低于其他两类农户。

贫困户所在村庄的粮食播种面积和其他经济作物播种面积均低于非贫困户，且慢性贫困户所在村庄的播种面积最小。慢性贫困户所在村庄的粮食亩产量也小于其他类型农户。从表4-2还可以看出，灾害与地方病在非贫困户和贫困户之间的差异不大，但慢性贫困户所在村庄遭受自然灾害和地方病比例要高于暂时性贫困户。

表4-2 不同类型农户变量的均值

	变量	非贫困	暂时性贫困	慢性贫困
农户特征变量	人均收入（元）	3464.991	1972.107	1042.130
	子女人数（人）	1.17403	1.364341	1.510802
	老人人数（人）	0.3544322	0.3418605	0.4058642
	劳动力占比（%）	0.6778556	0.6506282	0.614451
	教育费用支出（元/年）	503.0969	550.9295	874.5988
	残疾（人）	0.0121274	0.0081608	0.0142092
	患病（人）	0.0562394	0.0562492	0.0357929
	劳动力最高文化程度是否在小学以下（人）	0.2367601	0.2426357	0.2824074
村庄特征变量	粮食播种面积（千亩）	2.416466	2.259327	2.060803
	其他作物播种面积（千亩）	1.413761	1.150203	1.045652
	粮食亩产量（斤/亩）	937.4096	908.8457	801.2523
	自然灾害（%）	0.3300765	0.3333333	0.337963
	地方病（%）	0.308128	0.272093	0.2824074

为了进一步观察慢性贫困与暂时性贫困的地区分布情况，本节分析了非贫困、慢性贫困和暂时性贫困农户在8个贫困地区中的分布情况，如表4-3所示。不管是慢性贫困还是暂时性贫困，相对于其他地区，南疆三地州（和田、喀什、克州）贫困农户占比最大，慢性贫困农户占比高达74.44%，暂时性贫困户占比也达到了70%。其中，克州的慢性贫困最严重，在所有地区中占比最高，高达

40.49%；和田、喀什两地区农户的暂时性贫困最严重，分别占比为 26.05% 与 24.65%。北疆高寒牧区（阿勒泰、塔城、伊犁和哈密）的慢性贫困户占比达 18.81%，而暂时性贫困户占比达 21.86%，高于慢性贫困。

表4-3　不同类型农户在贫困地区中的分布　　　　单位：%

地区	非贫困占比	慢性贫困占比	暂时性贫困占比
阿勒泰	7.22175	0.61350	2.09302
哈密	6.62702	3.68098	3.48837
塔城	10.36534	11.24744	7.67442
伊犁	6.15973	3.27198	8.60465
和田	25.02124	13.08793	26.04651
喀什	28.41971	20.85890	24.65116
克州	9.85556	40.49080	19.30233
阿克苏	6.32965	6.74847	8.13953

四、动态贫困的敏感性分析

由前述分析可知，新疆暂时性贫困农户占比 14.3%、慢性贫困户占比 7.2%。那么这个比重随贫困线变动的敏感程度如何？分析此问题不仅有助于帮助国家扶贫标准的制定，而且有助于把握各种贫困类型的变动幅度和趋势。

首先将各年的贫困标准分别提高 20%、40%、60%，得出对应的新贫困线，然后分别计算出对应的各个新贫困线下的各种类型农户的户数和所占比重，如表4-4 所示。如果将贫困线提高 20%，暂时性贫困户占比提高 4.7 个百分点，慢性贫困户占比提高 5.7 个百分点；如果将贫困线提高 40%，暂时性贫困户占比提高 8.4 个百分点，慢性贫困户占比提高 12.2 个百分点；如果将贫困线进一步提高 60%，暂时性贫困户占比提高 9.6 个百分点，慢性贫困户占比提高 19.6 个百分点。可见，采用不同的贫困线度量新疆农村动态贫困程度，对两种类型贫困的影响程度不同。但总体来看，两种类型贫困均对贫困线变动具有较强敏感性，慢性贫困的敏感性更强；非贫困户对贫困线的变动也有很高敏感性，当贫困线分别提高到20%和60%时，非贫困户占比分别降至68.2%和49.2%，此时贫困构成发生了显著变化，由暂时性贫困为主变为慢性贫困为主。这说明了：随着贫困线标准的提高，很多非贫困农户也变为贫困户，且大部分变为慢性贫困户，非贫困农户具有很大的贫困脆弱性。因此，国家可通过上调贫困线使这些贫困脆弱人口得到更多关注以及相关政策保护。

表4-4 动态贫困变化的敏感性

类型	贫困线		提高20%		提高40%		提高60%	
	数量（户）	占比（%）	数量（户）	占比（%）	数量（户）	占比（%）	数量（户）	占比（%）
暂时性贫困	430	14.3	569	19.0	681	22.7	718	23.9
慢性贫困	216	7.2	386	12.9	581	19.4	805	26.8
非贫困	2354	78.5	2045	68.2	1738	57.9	1477	49.2

五、动态贫困的决定因素：计量结果分析

有序Logit模型的基本回归结果如表4-5的列（1）所示，是利用全样本的回归。列（2）与列（3）是对列（1）回归结果的稳健性检验，分别用南疆三地州和只有少数民族农户的子样本进行的回归。由于列（2）与列（3）的结果与列（1）很相似（显著性变量与符号基本相同，即使有个别变量如列（2）中的粮食播种面积不显著，但符号未变），因此，列（1）的回归结果是稳健的，本节主要对列（1）对应的结果进行分析。

从第（1）列可以看出，在家庭特征方面：子女数越多、老人人数越多的家庭越易陷入贫困，且子女数增多使农户陷入贫困的可能性更大；教育费用支出增加也会使农户更易陷入贫困。在村庄特征方面：粮食播种面积的减少与其他经济作物播种面积的减少均会使农户陷入贫困，且其他经济作物播种面积的致贫作用更显著，所处村庄发生自然灾害也会使农户更易陷入贫困。

表4-5　有序Logit模型估计结果

	回归系数			边际效应		
	(1)	(2)	(3)	(4)	(5)	(6)
	全样本	南疆三地州	少数民族	慢性贫困	暂时性贫困	非贫困
子女人数	0.294***	0.243***	0.288***	0.0289***	0.0166***	-0.04554***
	(5.06)	(3.99)	(4.95)	(5.06)	(4.97)	(-5.15)
老人人数	0.139*	0.202**	0.156**	0.0137*	0.0078*	-0.0215*
	(1.82)	(2.27)	(1.98)	(1.82)	(1.81)	(-1.82)
劳动人占比	0.462	-0.026	0.432	0.0455	0.0261	-0.0716
	(1.56)	(-0.08)	(1.42)	(1.56)	(1.57)	(-1.57)
教育费用	0.057**	0.282***	0.059**	0.0056**	0.0032**	-0.0089**
	(2.39)	(3.44)	(2.08)	(2.39)	(2.37)	(-2.40)
残疾	0.150	-0.019	0.172	0.0148	0.0085	-0.0232
	(0.40)	(-0.05)	(0.45)	(0.40)	(0.40)	(0.687)
患病	-0.109	-0.233	-0.119	-0.0108	-0.0062	0.0170
	(-0.42)	(-0.73)	(-0.43)	(-0.42)	(-0.42)	(0.42)
劳动力小学以下文化程度	-0.153	-0.127	-0.147	-0.0148	-0.0084	0.0232
	(-1.35)	(-1.01)	(-1.27)	(-1.38)	(-1.40)	(1.39)
粮食播种面积	-0.045*	-0.008	-0.050*	-0.0044	-0.0025*	0.0070*
	(-1.90)	(-0.18)	(-1.77)	(-1.90)	(-1.89)	(1.90)
其他经济作物播种面积	-0.066**	-0.286***	-0.063**	-0.0065**	-0.0037**	0.0102**
	(-2.44)	(-3.63)	(-2.23)	(-2.43)	(-2.44)	2.45
粮食亩产量	0.009	0.021	-0.010	0.0009	0.00049	-0.0013
	(0.22)	(0.42)	(-0.26)	(0.22)	(0.23)	(-0.22)
地方病	-0.165	0.051	-0.179	-0.0160	-0.0091	0.0251
	(-1.48)	(0.40)	(-1.55)	(-1.50)	(-1.52)	(1.51)
灾害	0.284***	0.414***	0.301***	0.2864	0.0169**	-0.0455***
	(2.68)	(3.41)	(2.74)	(2.61)	(2.54)	(-2.60)
Cut1	1.354***	1.606***	1.227***	1.354***		
	(4.01)	(5.26)	(3.43)	(4.01)		
Cut2	2.665***	2.905***	2.565***	2.665***		
	(7.83)	(9.32)	(7.11)	(7.83)		
地区效应	有	无	有	有		
准 R^2	0.0430	0.0277	0.0422	0.0430		

续表

	回归系数			边际效应		
	(1) 全样本	(2) 南疆三地州	(3) 少数民族	(4) 慢性贫困	(5) 暂时性贫困	(6) 非贫困
Wald chi2	130.52	69.33	123.40	130.52		
极大似然值	-5030.5055	-3577.9765	-4676.4657	-5030.5055		
观测值	8190	5550	7545	8190		

注：括号内是 z 检验值；*、**、*** 分别表示在 10%、5% 和 1% 水平上显著。因有 270 户农户所在村庄的粮食播种面积为零，导致粮食亩产量有 810 个缺失值，所以可用的总样本观测值个数为 8190 个。

为了进一步分析各变量对农户陷入不同类型贫困的边际影响，表 4-5 的第 (4) ~ (6) 列给出了慢性贫困、暂时性贫困和非贫困的概率变化随各变量变化的情况。

家庭特征变量：从边际效应结果看，在其他变量保持不变的情况下，在 1% 的显著性水平下，家庭子女数每增加 1 人，农户陷入贫困的可能性将显著增加，陷入慢性贫困的概率增加 0.0289，陷入暂时性贫困的概率增加 0.017，远离非贫困的概率增加 0.046。在 10% 的显著性水平下，老人人数也会使农户陷入贫困；家庭中老人平均增加 1 人，陷入慢性贫困的概率增加 0.0137，高于暂时性贫困概率的增加量 0.0078，远离非贫困的概率增加 0.022。可见，与单位老人数增加相比，单位子女数的增加对农户致贫的作用更强（因为远离非贫困的可能性更大）。此外，单位子女数的增加更易使农户陷入慢性贫困，这是因为新疆是典型的少数民族聚居地区，调查样本中少数民族家庭占 92.02%，生育政策相对宽松①，早婚、早育、多胎等问题比较突出，贫困农户易陷入"越穷越生，越生越穷"的恶性循环中，难以摆脱贫困。此外，在其他变量不变条件下和 5% 的显著性水平下，每年的教育费用支出每增加 1000 元，陷入慢性贫困的概率增加 0.0056，高于陷入暂时性贫困增加的概率 0.0032。可见，增加每年的教育费用支出更易使农户陷入慢性贫困。

村庄特征变量：村庄粮食播种面积的减少更易使农户陷入暂时性贫困。由边际效应结果看，在 10% 的显著性水平下，粮食播种面积每减少 1000 亩，农户陷

---

① 新疆维吾尔自治区规定：城镇少数民族居民一对夫妻只准生育两个子女，少数民族农牧民一对夫妻可生育三个子女，符合特定条件的可再生育一个子女。

入暂时性贫困的概率增加0.0025,而成为非贫困的可能性减少0.0070,这说明了贫困地区农户对粮食的依赖性很强,粮食的减少很容易导致农户贫困。与粮食播种面积相比,其他经济作物播种面积的减少使农户更易陷入贫困。在5%的显著性水平下,其他经济作物播种面积减少1000亩,成为非贫困的可能性减少0.0102,高于由粮食播种面积减少导致的非贫困可能性。此外,其他经济作物播种面积减少1000亩,农户陷入暂时性贫困的概率增加0.0037,陷入慢性贫困的概率增加0.0065,这也说明了,其他经济作物播种面积的减少更易使农户陷入慢性贫困。这是因为贫困地区农户种植其他经济作物获得的收入一般高于粮食收入,其他经济作物播种面积的减少,对农户减收影响更大,更难使农户在短期内脱贫。

自然灾害也是显著致贫的重要变量之一。在5%的显著性水平下,所处村庄遭受自然灾害的农户比没遭受自然灾害的农户陷入暂时性贫困的概率高0.0169。相反,在1%的显著性水平下,遭受自然灾害的农户比没遭受自然灾害的农户远离非贫困的概率增加0.0455。这是因为农业产量易受天气等自然条件的影响,农业增收具有很大的脆弱性,自然灾害容易造成农产量的急剧减产,使农户很容易陷入暂时性贫困。

六、宏观地区效应因素分析

从上述模型知,短期内不随时间变化的地区效应是影响动态贫困的重要因素(因为加入地区固定效应后,大部分地区虚拟变量很显著,而且加入固定效应后的准R^2显著增加)。那么,有哪些因素可以包含于地区效应中呢?归结起来,主要有自然环境、整体人口素质、生活习惯、思想观念等。下面就这几个宏观地区致贫因素做一个简要的分析①。

(一) 自然环境因素

新疆贫困地区主要分布在边远、闭塞、自然条件艰苦的南疆三地州、高寒山

---

① 厉声,马大正,秦其名等. 新疆贫困状况及扶贫开发[M]. 乌鲁木齐:新疆人民出版社,2010.

区和边境地区。这些地区土壤瘠薄，保墒能力差，盐渍化严重；水资源匮乏，利用率不高。以南疆三地州为例，沙漠、戈壁和高原占总面积的90%，年均降水量低于80毫米，年均蒸发量却高达2300余毫米；三地州年均沙尘天气93天，和田地区多达220余天，重度污染天气300天以上，每平方千米均降尘124吨，喀什地区大气悬浮颗粒物超标近10倍。克孜勒苏州有12.6万农牧民居住在海拔2500米以上高原山区、边境乡镇，土地、草场贫瘠，交通闭塞，能源短缺，生产环境极其恶劣。

(二) 整体人口素质因素

新疆贫困地区农牧民的科技文化素质仍处于相对较低的水平，对新技术、新方法的接受能力相对较差，劳动者的综合素质处于较低的水平。农村生产力水平还处于较低层次，特别是南疆三地州，由于历史的原因，该区域科技、教育、文化、卫生、体育等社会事业发展滞后。由于教育投入不足，尤其是"双语"教师严重缺乏，教育事业发展缓慢，三地州还有10个县市没有完成"普九"，人均受教育年限6年，其中和田仅为5年。劳动力技能培训设备、场所有限，劳动者素质普遍不高，文盲、半文盲比重过大，由于接受科技、文化、信息渠道狭窄，对外部世界感知不多，缺乏基本的就业技能，与劳动力市场的需求严重脱节。最突出的是80%的初中毕业生不能继续升学，由于这些学生尚未成年，明辨是非的能力较差，缺乏基本的谋生技能，长期在社会上游荡，极易被非法宗教组织拉拢、腐蚀，成为分裂组织与我争夺青少年一代的主要对象。卫生事业发展缓慢，医务人员稀缺，传染病、地方性疾病等严重危害各族群众的身体健康。从2010年调查的新疆户均受教育程度与身体健康情况来看，高中以上文化程度全疆和南疆都不足一人，大部分人口的受教育程度维持在初中及以下水平，很多农户家庭并未完全摆脱文盲和半文盲状态；受过技能培训的人数也不足一半，全疆比重为42.1%，南疆三地州比重为44.3%，对于如此严峻的扶贫形势而言还远远不够。从农户身体健康情况和就医情况来看，患病比例较高，全疆和南疆三地州都有5%左右的农户家庭被疾病或者残疾所累，而全疆有近9%的农户家庭不能及时就医，南疆地区这样的农户家庭也达到了4.4%，不能就医的原因则集中反映为经济困难。可见，新疆贫困地区劳动者的整体素质已经成为制约贫困地区改变面貌的重要因素之一，如何解决成为摆在我们面前的一项十分紧迫的任务（见表4-6）。

表4-6　2010年新疆贫困县户均受教育程度及身体健康情况

指　　标	重点县	南疆三地州
户均劳动力受教育程度（人）		
文盲、半文盲	0.17	0.23
小学	1.14	1.26
初中	1.50	1.50
高中	0.29	0.21
中专	0.07	0.05
大专及以上	0.03	0.02
曾受过技能培训人数比重（%）	42.10	44.30
身体健康状况构成（%）	100	100
残疾	1	0.7
患有大病	0.6	0.6
长期慢性病	1.8	1.2
体弱多病	2.1	1.9
健康	94.5	95.6
有病是否能及时就医构成（%）	100	100
是	91.1	95.6
否	8.9	4.4
不能及时就医的主要原因构成（%）	100	100
经济困难	91.9	95.7
医院太远	4.4	2.9
没有时间	0.3	—
本人不重视	1.1	—
小病不用医	0.4	0.5

资料来源：《新疆调查年鉴》（2011）。

（三）生活习惯

生活习惯是阻碍少数民族群众脱贫致富的一大因素，尤其是对牧民来说。新疆有四大游牧民族，分别是哈萨克、柯尔克孜、蒙古和塔吉克族。在32个边境县（市）中需要定居的牧民10万户，达到"三通"、"四有"、"五配套"定居标准的牧民仅有2.4万户，占24%，76%的牧民仍未摆脱逐水草而居的游牧、半游牧生产方式。在这一特定的环境中，牧民的衣食观念较浓，从牧、放牧绝大程度上是为了谋生，能够吃饱、穿暖、有几头牲畜、有牧地就足以使他们在物质上别无他求。

（四）观念与文化

贫困农户距离城市或者市场的距离太远、基础设施落后、贫困观念和贫困文化的形成都是导致农户陷入贫困无法自拔的重要因素。"等、靠、要"的依赖思想严重，自力更生、自我发展的意识低。宗教意识影响力较大，束缚了人口的生理和心理素质、文化素质的提高。封闭式的排他观念，保守心理使得和田地区贫困人口，尤其是居于山区的牧民安于现状、故步自封，对新的农业技术推广与运用存在一定排斥心理，甘愿固守祖辈相传下来的传统落后的生产方式。

七、本章小结

本章基于新疆农户面板数据，运用有序 Logit 模型，重点研究了家庭特征、村庄特征对农户动态贫困的影响。研究结果表明：①新疆农户贫困主要是暂时性贫困。在贫困户中，暂时性贫困户占比高达 90%，而慢性贫困户数相对较少，占比约 10%；在贫困的区域分布上，主要集中于南疆三地州，慢性贫困农户占比高达 74.44%，暂时性贫困户占比也达到了 70%。②慢性贫困和暂时性贫困均对贫困线变动具有较强的敏感性，慢性贫困的敏感性更强。非贫困农户具有很大的贫困脆弱性，随着贫困标准的提高，很容易变为贫困户，并且大部分变为慢性贫困户。③子女数越多、老人数越多的农户更容易陷入贫困，陷入慢性贫困的可能性更大；教育费用支出的增加也容易使农户陷入贫困，且易陷入慢性贫困。④村庄粮食播种面积减少与所处村庄遭受自然灾害的农户更易陷入暂时性贫困，其他经济作物播种面积的减少会使农户更易陷入慢性贫困。

第五章 新疆贫困地区反贫困的历程与机制

一、新疆贫困地区反贫困的历程

改革开放以来,自治区农村反贫困的内容和形式发生了巨大变化,并呈现出阶段性的特点。这种阶段性产生的背后,是反贫困制度的不断演变。根据对扶贫基本内容和主要扶贫方式的选择,我们可以大体将自治区农村反贫困历程划分为四个阶段。

(一) 救济式扶贫阶段 (1978~1985 年)

这一阶段的扶贫主要是由各地方的民政部门负责的,救助对象主要为五保户,是具有慈善性和道义性的"输血"式扶贫。这种扶贫主要是通过财政转移支付的方式实现,通过各级政府部门直接将粮食、衣物、化肥等生产和生活资料发放到贫困农户手中,保障贫困人口基本的生存需要。在这个阶段中有两个基本制度对我国反贫困事业起到了非常重大的作用,并最终影响新疆以后的扶贫进程:一是家庭联产承包责任制;二是计划生育制度。家庭联产承包责任制是由自下而上的正规制度变迁产生的,很快得到了全国大部分地区的认可和推行,它在一定程度上明晰了土地和其他农业生产资料的产权,满足了农民对土地的渴望,极大地调动了农民生产的积极性,并在很短的时间内释放出巨大的力量。按照世界银行的估计,我国在这一阶段减贫效果非常显著,1984年农村贫困人口已经下降到8900万人,相当于每年减贫2800万人。计划生育制度对我国减贫的贡献主要在于在制度执行初期计划生育实施所带来的"人口红利"显著,农村人口结构中以青壮年为主,同时高龄人口仍参加劳作,而未成年人口比重呈明显下降趋势,人口抚养负担减小,为这一时期经济发展奠定了极好的人口基础,成为减贫取得成效的重要因素之一。

家庭联产承包责任制和计划生育制度并不是专门针对减贫的政策措施,这个阶段也没有形成我国反贫困的核心制度。但是,正是由于这个阶段贫困人口的大幅下降,改变了我国的贫困格局,使区域贫困问题凸显出来,尤其是像新疆这样的西部边疆省份,贫困问题越发引起人们的关注。这就为以后一系列对新疆政策的制定和实施做好了铺垫。

(二) 开发式扶贫阶段 (1986~1993年)

随着我国由全面贫困转为区域贫困,专门职能部门也随即成立。1986年,国务院成立了贫困地区经济开发领导小组,在制度上建立常设机构扶贫办公室,随后各地竞相模仿,分别建立了自己的扶贫机构,以各级政府为核心的我国扶贫体系初见端倪,扶贫制度整体发生了重大变革。这个阶段的主导思想是以大规模的经济开发推动地方发展,充分释放贫困地区内部的经济活力,形成贫困地区自我发展能力,以摆脱贫困。开发式扶贫制度的确立是我国扶贫史上一次重大的制度变迁。政府依靠其强大的组织能力,改变了以往临时性分散救济的扶贫制度。同时,该时期强调了农民自我发展能力、企业和国际扶贫经验的重要性,为以后扶贫制度的发展打下了基础。

这一阶段正处于我国计划经济与市场经济激烈交锋时期,尤其是对新疆而言,与计划体制剥离程度及相关制度的变迁将直接影响以后的发展。事实证明,由于新疆特殊的战略地位、国内外环境等,政府在经济社会各个领域一直保持着较高的控制能力,计划经济色彩依然非常浓厚。从这一点上讲,新疆并没有过渡完全特别是在制度建设方面,这就为以后的落后制度与先进理念相互桎梏埋下了隐患。当然,在这个阶段新疆扶贫开发也取得了一定的发展,尤其是开始重视与国际反贫困机构的合作、借鉴企业等非政府组织的一些做法、明确了农村发展靠项目的发展思路等。

(三) 参与式扶贫阶段 (1994~2001年)

随着国际经验日益积累和我国企业改革的推进，政府的市场驾驭能力和管理能力显著提高。为了尽快解决剩余8000万贫困人口的发展问题，1994年政府启动了国家八七扶贫攻坚计划，带来了一系列扶贫制度的变迁。这个时期国际社会开始重新审视发展问题，贫困和增长不再被看作相互对立的关系。贫困的内涵由阿玛蒂亚·森等重新诠释，已经被看作是没有能力选择某种生活水平的状态。贫困不但意味着生活上的窘迫，还意味着权力的缺失，贫困人口还渴望安全的环境、同等的机会、参与决策等。国际思潮的影响，加上我国政府自身治理能力的提高，扶贫也开始越发重视调动贫困人口自身参与的积极性，强调贫困人口参与成为这个时期扶贫的主旋律和相关制度制定的基础。

自治区也积极响应相关的政策与号召，通过相关的政策制定和制度设置，组织和动员贫困农户参与扶贫项目，国际扶贫机构和非政府组织参与程度和范围也逐渐加强，贫困农户单纯依赖政府扶贫的局面正在逐步改善。

(四) 多元化扶贫阶段 (2002年至今)

随着减贫速度减缓、贫富差距拉大等问题的出现，我国对以往单纯依靠经济高速增长实现减贫的思路开始反思。政府提出构建社会主义和谐社会的执政理念，并实施了《农村扶贫开发纲要 (2001~2010年)》，对扶贫制度进行新的探索。首先，改变原有的瞄准机制，由贫困县变为贫困村，以顺应贫困人口越来越分散的整体趋势；其次，继续强调农户参与的重要性，大力发展参与式扶贫；最后，整村推进、产业化扶贫与劳动力转移培训新的扶贫模式在全国得到推广，这些措施与以往制度手段不同，反映了政府管理理念和对贫困认识思维的重大转变，是以人为本观念的具体体现。

自治区在这个阶段取得了较显著的扶贫效果，尤其是在相关配套制度上日益完善，扶贫措施也呈现出多元化，针对新疆贫困地区的具体情况采取了连片开发、龙头企业带动等扶贫措施，取得了显著效果。尤其是新疆工作会议和两次对口援疆会议召开后，新疆必将迎来又一轮强烈的制度变迁和制度重构过程。我国及新疆地区经历的扶贫制度阶段性变迁可以用图5-1表示。

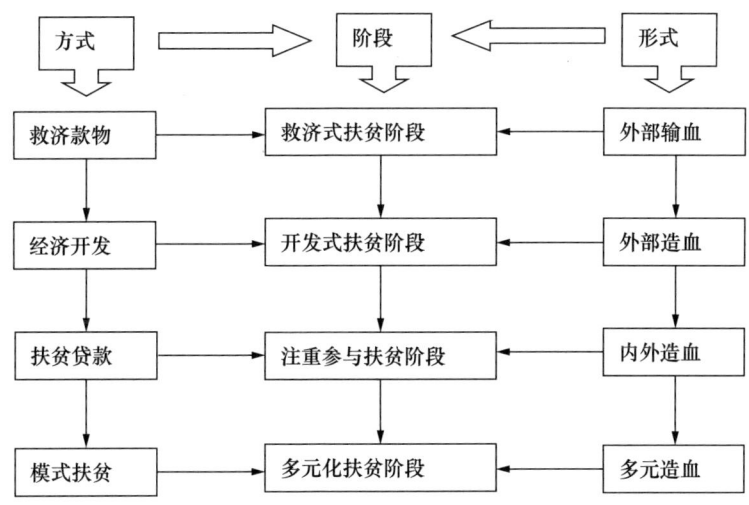

图 5-1 扶贫制度阶段性变迁情况

二、反贫困的机制

（一）政府

新中国成立后到改革开放前，这段时期贫困一词几乎成为"禁语"。由于特殊的历史背景和执政思想，中国的贫困问题一直没有得到足够的重视和正确的对待。直到改革开放后，人们的思想慢慢解放。同时，经济开始腾飞，贫富差距问题凸显，这才使贫困问题真正进入执政者和普通百姓视线里。但是，1978~1985年较早采取的增长主导辅以适当救济的扶贫方针显然跟不上时代发展的步伐，这时候迫切需要一个专职部门来统筹负责中国的扶贫问题。直到1986年我国才正式成立了处理贫困相关问题的职能部门——国务院贫困地区经济开发领导小组及其办公室。从严格意义上说，该领导小组并不是一个独立的职能部门，它更像是一个议事协调机构，更准确地讲是一种松散型的决策协调机制，只有当需要作出重大决策时才会召集所有成员开会商议，最终决议也会以会议纪要的形式公布。从具体职能角度讲，领导小组主要负责组织有关贫困地区的调查研究；协调解决有关贫困地区发展的重大问题；协商和制定贫困地区发展的方针、政策和规划；监督检查有关工作；总结交流经验等。而日常工作则由领导小组办公室具体负责，也就是我们通常所说的扶贫办，它是一个常设的专职部门。当时，领导小组组长由国务院秘书长担任，领导小组成员由国家计委（2003 年更名为国家发展与改革委员会，简称国家发改委）、财政部、人民银行等中央部委及相关单位的主要领导兼任，共计 20 余个。与此同时，各级地方政府也上行下效地建立了类似的扶贫领导小组。1987 年 10 月 5 日，新疆维吾尔自治区党委、自治区人民政府以新党发［1987］44 号文件批准成立由自治区副主席玉素甫·穆罕默德任组长，钱国正、艾山（兼办公室主任）为副组长的自治区贫困地区经济开发领导小组。领导小组下设办公室，办公室设在自治区人民政府。自此，以政府为主体的扶贫体系逐渐形成。其主体结构如图 5－2 所示。

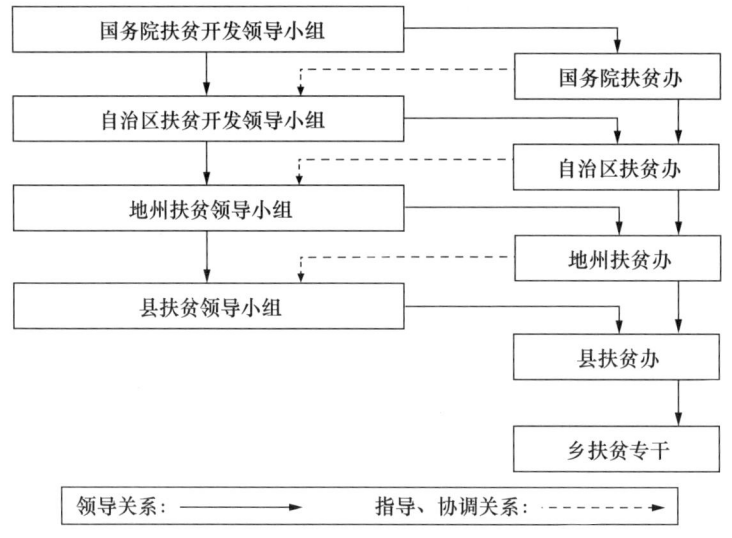

图 5－2　政府扶贫体系主体结构

随着扶贫工作的不断深入，扶贫目标和扶贫手段都发生了新的变化。基于此，国家对原有扶贫体系进行了某些方面的调整。1993 年将国务院贫困地区经济开发领导小组正式更名为国务院扶贫开发领导小组。1994 年自治区也进行了相应的调整，成立自治区扶贫开发领导小组，组长由自治区主席阿不来提·阿不都热西提担任。1998 年国务院扶贫开发领导小组组长由分管扶贫的国务院副总理担任，小组成员也进行了调整，加入了中国残疾人联合会等与扶贫工作关联性较大的部门或者组织。2003年国务院扶贫开发领导小组成员由27个相关单位的28名领导组成，其中有扶贫办两人，加大了其在小组中的决策比重。

作为我国扶贫工作的最高行政机构和具体负责部门，国务院扶贫办有25个编制，下设6个业务处室，同时管理着4个下属单位，分别是中国扶贫基金会、经济开发服务中心、外资项目管理中心和培训中心。自治区及下属贫困地区和贫困县几乎都建立了类似的领导小组和扶贫办。在扶贫行政级别的最基层，很多乡村也都会有至少一人负责当地的扶贫工作。此外，作为国务院扶贫领导小组的成员，它们都有各自特定的扶贫责任和项目。民政部主要负责抗震救灾和最低收入保障工作；教育部和卫生部负责与贫困人口教育和健康相关的特定项目；中国农业银行主要是通过小额贴息贷款支持贫困地区和贫困人口发展生产；财政部则通过转移支付的方式提供财政扶持资金；国家发改委以以工代赈的形式帮助贫困地区进行农田水利、乡村公路等基础设施建设项目。自治区扶贫办的地位和级别也得到了加强和提高，扶贫开发办公室由1988年的5名行政编制到1989年上调至7人，并且1996年扶贫开发办公室由处级建制升格为副厅级建制，2007年进一步调整为正厅级建制。同时，自治区党政机关、企事业单位、中央驻疆单位、驻疆部队等作为自治区扶贫领导小组成员也都有各自的扶贫对象和扶贫任务。

中央扶贫机构与自治区扶贫机构是垂直领导关系，但是在具体扶贫任务的实施方面，则由自治区实际负责。1996年，我国开始实施扶贫工作"四到省（区、直辖市）"，即资金到省、权力到省、任务到省和责任到省。也就是说，扶贫资金由自治区统一安排使用，自治区及相关部门行使权力并完成既定扶贫任务，同时，在这个过程中自治区领导人和相关部门领导者全权负责扶贫工作的领导和组织工作，并逐级将责任、任务、目标分解和下放。

此外，自治区政府在扶贫开发过程中还充当着联系人、倡议者和协调者的角色。首先，与国家扶贫机构保持积极的联系和沟通，定期向国家有关部门汇报抗震救灾和扶贫开发进度等情况，寻求指导和帮助；其次，积极寻求与世界银行、国际粮农组织、非政府组织等世界范围的反贫困机构合作；最后，通过宣传和政策引导，组织和发动社会力量投入到扶贫开发的浪潮中。在自治区政府的倡导和努力下，很多中央部委、发达省市、地方机构和自治区内外企事业单位等都加入进来，并形成了东西扶贫协作、对口支援等稳定的扶贫形式。这样，以国务院扶贫开发领导小组及其办公室为决策部门、以自治区各级扶贫领导小组及办公室为具体执行部门的政府为主体的扶贫体系就形成了。

总之，政府在我国现行扶贫体系中占据最核心的地位，并扮演着多重角色。首先，各级政府是扶贫资金等最重要的投入者；其次，各级政府还要组织、协调相应的社会组织和国际机构的扶贫参与工作；最后，政府还要承担监督责任，对不当的扶贫行为和措施进行纠偏，对扶贫效果进行评价等。此外，中央政府及其相关机构还要负责扶贫战略的制定、扶贫项目和措施的选择、扶贫目标的确定等决策工作，自治区各级扶贫机构则主要承担扶贫任务的执行工作。

（二）社会成员

我国正式出台相关政策组织社会成员参加扶贫开发要追溯到20世纪80年代中后期。1994年4月，《国务院关于印发国家八七扶贫攻坚计划的通知》（国［1994］30号）号召和动员开展社会扶贫。要求中央和地方党政机关、各民主党派、群众团体以及有条件的企、事业单位，积极参与对贫困县的定点挂钩扶贫并"一定几年不变，不脱贫不脱钩"。引导和鼓励非公有制企业参与扶贫开发成为这个阶段扶贫开发工作的新风向。从此，作为另一大扶贫开发主体，非政府组织（NGO）成为新阶段扶贫开发工作的新生力量。如前所述，1978～1985年这个阶段几乎所有的反贫困和扶贫开发工作都是由政府承担，形成了以政府为主体的扶贫开发体系，而非政府组织的出现打破了以往扶贫开发政府唱独角戏的局面，从理念上实现了飞跃。非政府组织的参与使原先制度化、计划式扶贫形式发生改变，扶贫开发开始引入市场因素，充分利用社会成员的创造性和主动性，弥补了政府扶贫的不足和低效。

新疆的社会扶贫主要包括两大块，定点扶贫和协作扶贫。定点扶贫主要是指由各级政府和相关部门以及有关单位定点帮扶贫困地区摆脱贫困，对新疆来说，按照行政级别的不同定点扶贫又可以大体分为国家定点扶贫、自治区定点扶贫、地州县市定点扶贫和驻疆部队定点扶贫四类。国家定点扶贫以来，1994～2008年中央8个定点扶贫单位（中国石油、铁道部、民航总局、中国对外贸易运输总公司、中国房地产开发集团、中国南方航空集团、中国成套设备进出口总公司、中国保险公司）先后为新疆扶贫无偿投入26599.65万元，其中资金21299.8万元、物资5299.85万元。中央帮扶单位加强基础设施建设和产业发展支持力度，在水利、村级道路、移民搬迁、抗震安居、文化阵地建设、教育、医疗等方面加大人才与资金投入。定点扶贫单位所支援的资金和物资用于各帮扶县的农田、水利、电力、道路等基础设施建设约占55%，提高农业机械化生产水平约占20%，文化、教育、卫生、医药约占15%，用于特困户救助和节日送温暖慰问等占10%。这种"造血式"的帮扶，对当地的生产建设、经济发展、生活改善、人口素质提高均有深远的影响。此外，先后有153名厅局级、337名县处级干部赴定点扶贫县进行调研，派出52名干部到各定点扶贫县挂职。自治区及地州县定点帮扶也发展迅速，截至2008年底，自治区、地州、县市开展帮扶的单位达到6432个，其中自治区区级定点帮扶单位228个，各地州帮扶单位1060个，各县（市）帮扶单位5134个。21世纪以来，自治区帮扶单位资金和物质总投入达到155726.65万元，其中资金59374.73万元、物资11134.82万元；各地州、县市共投入43546.42万元，其中资金28341.7万元、物资15204.72万元。驻疆部队定点扶贫方面，至2008年新疆军区所属部队共与179个贫困村结成帮扶对子，其中伊犁哈萨克自治州（以下简称伊犁州）各地区35个村、和田10个、喀什39个、克州6个、阿克苏15个、哈密5个、吐鲁番3个、昌吉回族自治州（以下简称昌吉州）11个、博尔塔拉蒙古自治州（以下简称博州）3个、巴州13个。此外，2001~2008年新疆军区共投入帮扶资金物资4500万元①。

协作扶贫，也就是我们通常说的东西扶贫协作，它主要是通过发达省市在资金、技术、人员等方面的援助帮助自治区实现扶贫目标。协作扶贫大体可以分为两类：一是对口协作；二是东中部联合支援。与自治区开展对口协作比较早同时比较好的是山东省。自治区与山东省的对口协作涵盖了政府部门、企事业单位等各个方面，协作方式也多种多样，有农业开发协作、企业联营协作、商业贸易协作、文化教育协作、经济技术协作等。此外，山东省还通过对口援助和结对帮扶的方式帮助自治区开展扶贫事业。对口援助包括资金物资援助、科教文卫帮扶、山东派干部挂职帮扶、新疆干部赴山东挂职培训等。根据1999年7月，山东、新疆两省区党政代表团山东会谈纪要的精神，新疆的喀什、和田两地区10个县（市），其中喀什6个、和田4个与山东的10个县（市）结成帮扶对子，开展一对一的扶贫帮助。10个结对县（市）是：龙口市对和田市、莱州市对洛浦县、荣成市对皮山县、文登市对墨玉县、寿光市对疏勒县、诸城市对疏附县、曲阜市对岳普湖县、兖州市对伽师县、临淄市对英吉沙县、桓台县对叶城县。各县市在确定结对帮扶关系后，都确定了专门负责扶贫协作的领导，建立了办事机构和领

---

① 新疆通志——扶贫开发志［M］．乌鲁木齐：新疆人民出版社，2009．

导会晤机制。结对帮扶的内容和任务主要是：相互引进农作物优良品种，以利于种植业结构调整和农业产业化运作；进行畜禽品种改良、农副产品加工；发展园艺、林果业生产和加工运输、销售业；在文教卫生、干部培训、企间联合以及互为市场、开拓新市场等方面进行协作。东中部联合协作的主要形式有企业联合、资金和物质支援、派遣干部支援等，这些都对新疆扶贫事业做出了突出的贡献①。1999~2009年，定点帮扶新疆贫困地区的中央、自治区、地州、县（市）四级单位已由2001年的2361个增加到6432个，累计投入帮扶资金28.21亿元。其中，中央直属机关2.12亿元、东西扶贫协作山东省3.35亿元、自治区级15.11亿元、地州级2.67亿元、县（市）级4.96亿元。

2010年3月29日，全国对口支援新疆工作会议在北京召开，会议内容是学习贯彻中央关于组织开展新一轮对口支援新疆工作的重要决策，对进一步加强和推进对口支援新疆工作进行动员部署。对口支援即经济发达或实力较强的一方对经济不发达或实力较弱的一方实施援助的政策性行为。主要类型有：灾难援助、经济援助、医疗援助、教育援助。采取中央政府组织规划，地方政府具体执行的形式。相比定点扶贫和协作扶贫，对口支援范围更广泛、内容更丰富、形式更多样、目的更明确。对口援疆不单要帮助新疆贫困地区尽快脱贫，还要推动新疆整体的经济发展和社会进步，所以它肩负着发展和扶贫的双重使命。利用好新一轮对口援疆，对新疆扶贫开发事业意义重大。

表5-1 各地对口支援新疆情况一览（19省市）

支援省市	受援县市、团场	具体规划
北京	和田地区的和田市、和田县、墨玉县、洛浦县及新疆生产建设兵团第十四师团场	五大示范项目：和田市棚户区改造一期工程、和田县抗震安居房暨新农村建设工程、墨玉县设施农业建设工程、洛浦县人民医院病房楼建设工程、兵团第十四师红枣加工基地建设工程
广东	喀什地区疏附县、伽师县、新疆生产建设兵团第三师图木舒克市	未来五年，广东省（含深圳市）将安排资金96亿元对口援建喀什地区"两市三县"；在2010年底前完成对口支援总体规划及公共服务、基础设施、产业发展、城乡建设等各专项规划的编制工作

---

① 新疆通志——扶贫开发志［M］.乌鲁木齐：新疆人民出版社，2009.

续表

支援省市	受援县市、团场	具体规划
深圳市	喀什市、塔什库尔干县	着力帮助解决对口支援地区民生问题，改善人民生活，把人财物重点投向民生领域，切实解决对口支援地区群众最直接、最现实、最紧迫的民生问题
江苏	克州的阿图什市、阿合奇县、乌恰县，伊犁州10个县（市），以及新疆生产建设兵团第四师、第七师	把保障和改善民生作为对口支援工作的重中之重
上海	喀什地区巴楚县、莎车县、泽普县、叶城县	把支援重点放在群众最关注的民生问题与可持续发展问题上
山东	喀什地区疏勒县、英吉沙县、麦盖提县、岳普湖县	着力支持民生保障项目建设；着力培育特色优势产业；以智力帮扶为重点，着力强化人才援疆工作；着力推进农村基层政权和基层组织建设
浙江	阿克苏地区的1市8县和新疆生产建设兵团第一师的阿拉尔市	突出改善民生；突出干部、人才支援；突出项目支援；突出产业培育和资源开发利用
辽宁	塔城地区	要把受援地区各族群众最关注的住房等民生问题作为对口支援的工作重点，一定要帮受灾群众把住房建起来，不让一户受灾群众受冻
河南	哈密地区、新疆生产建设兵团第十三师	做好6个方面的工作，加强工作的对接，实现优势互补，实现豫新两地共同发展
河北	巴州、新疆生产建设兵团第二师	把保障和改善民生放在对口支援工作的优先位置，把资金、人才、技术、智力等更多投向民生项目，让广大群众切身感受到对口支援的成果
山西	新疆生产建设兵团第六师五家渠市、昌吉回族自治州阜康市	以企业为骨干，与新疆各族人民友好相处，实现互利共赢
福建	昌吉州的昌吉市、玛纳斯县、呼图壁县、奇台县、吉木萨尔县、木垒县6个县市	把重点更多地放在与群众切身利益相关的生产生活条件上，着力解决受援地区群众最直接、最现实的困难和问题，大力帮助各族群众解决就业、教育、住房等基本民生问题
湖南	吐鲁番地区	要科学编制对口支援各项规划；要把促进科学发展作为对口支援的突出任务；要把改善民生放在对口支援的优先位置；要充分利用好湖南的优势；要精心组织好重大项目建设

续表

支援省市	受援县市、团场	具体规划
湖北	博州博乐市、精河县、温泉县与新疆生产建设兵团第五师	选择切合实际的援助项目,切实满足当地需要,着力解决博州和第五师经济社会发展的"瓶颈"和难点问题,切实加强受援方的造血机能
安徽	和田地区皮山县	突出重点,坚持当前与长远相结合、输血与造血相结合、硬件与软件相结合、政府与市场相结合
天津	和田地区的民丰、策勒和于田三个县	采取10项措施做好新一轮对口支援工作
黑龙江	阿勒泰地区福海县、富蕴县、青河县和新疆生产建设兵团第十师	将围绕农业产业化、矿产资源开发、地质勘探等领域,加强协调沟通,不断拓宽合作渠道,通过技术支援、资本输出、人才共享、合作开发,促进两地民族团结和经济共同发展
江西	克州阿克陶县	通过对口援建,力争使阿克陶县经济总量、财政收入、县城规模实现三个翻番,经济发展综合水平达到江西省县(市)的平均水平
吉林	阿勒泰地区阿勒泰市、哈巴河县、布尔津县和吉木乃县	把对口支援的重点放在着力改善生存性民生问题、保障性民生问题、解决安全性民生问题下功夫,早让群众得实惠

资料来源:http://news.xinhuanet.com/local/2010-04/27/c_1256979.htm。

(三)国际机构

20世纪80年代以来,我国逐步开始与国际反贫困组织合作,积极探索和借鉴国外反贫困经验,不断扩大与国际反贫困组织在扶贫开发领域的合作,取得了巨大的成功。世界银行、联合国计划署、粮农组织等国际机构不单为我国扶贫开发事业带来了资金物资方面的支持,更重要的是对大规模开发式扶贫刚刚起步的中国带来了先进的理念与管理模式。在借鉴国外反贫困有效经验的基础上,中国的反贫困进程大大加快。所以从某种意义上说,国际组织是我国扶贫开发起步阶段的引导者和被效仿者。

自国家八七扶贫攻坚计划实施以来,自治区在扶贫开发领域积极寻求国际合作。1995年,由联合国开发计划署和中国贫困地区干部培训中心联合举办的新疆贫困地区UNDP项目企业管理第3期试教班在乌鲁木齐开班,培训和田、喀什、克州、阿克苏、伊犁、塔城、阿勒泰、昌吉州、哈密共9个地州的27个贫困县（市）扶贫部门、企业各类人员。这是国际组织第一次援助新疆的扶贫培训项目。1997年联合国开发计划署援助和田地区墨玉县、于田县的UNDP扶贫项目正式启动，同年美国埃克森石油公司援助且末县项目开始实施，共引入资金300万美元。2004年中国与加拿大合作的"中国新疆维吾尔自治区柯坪县优势特色农牧产品开发扶贫政策研究"项目，正式列入加拿大"公共政策选择"项目（PPOP）二期项目，同年项目组赴柯坪县考察并就项目实施的具体问题进行了座谈。2006年自治区财政厅代表新疆维吾尔自治区人民政府同国际农发基金新疆项目设计团签署了《国际农发基金新疆贫困地区农村综合发展项目设计备忘录》，正式确定自治区扶贫办为项目执行机构，外资项目管理中心具体负责该项目的实施工作。同年由中国国际经济技术交流中心和联合国开发计划署合作开展的"UNDP绿色扶贫项目新疆启动会"在和田市召开，项目总投资210万美元，其中联合国开发计划署无偿投入60万美元，地方配套150万美元。2007年国家财政部与国际农发基金董事会正式签署新疆贫困地区农村综合发展项目贷款协议，确定项目贷款规模与项目目标，项目利用国际农发基金贷款1670万美元，特别提款权约合2500万美元，贷款期限40年，宽限期10年，年手续费0.75%。2008年4月国际农业发展基金新疆贫困地区农村综合发展项目贷款协议正式生效[①]。截至目前，累计执行外资扶贫项目资金规模达4.4亿美元，项目覆盖1171个扶贫开发工作重点村，17.6万农户受益。

随着自治区开发程度的日益提高、扶贫开发工作的不断深入，多方位寻求国际合作已成为必然选择。就目前新疆扶贫开发的阶段而言，与国际反贫困机构的合作还处于起步和试点阶段，还未进入大规模实施阶段。从全国情况来看，很多与国际组织合作开展的扶贫项目和成功案例值得自治区学习和借鉴，如中国西南扶贫贷款项目、中国秦巴山区扶贫世界银行贷款项目、中国西部扶贫世界银行贷款项目等。合作的开展和实施，既带来了资金物资的注入又带来了国外先进的管理理念和管理模式。通过学习国外先进的扶贫经验，有助于推动本地区扶贫事业更好更快的发展。新疆在这方面具有很大的潜力。

（四）贫困农户

贫困农户作为扶贫开发的重要组成群体同政府一样地位非常特殊。首先，贫

---

① 新疆通志——扶贫开发志［M］．乌鲁木齐：新疆人民出版社，2009.

困农户是扶贫开发活动最终的作用对象,一切与扶贫开发有关的项目和措施等都必须以贫困农户作为设计对象和实施对象;其次,贫困农户又是扶贫开发活动最重要的参与者,扶贫项目的选择和实施离不开贫困农户的参与,贫困农户的参与程度和参与能力直接关系扶贫开发的成败;最后,贫困农户不单是扶贫资金、扶贫物资、扶贫项目等的接受者、使用者和承接者,还是扶贫资源重要的提供者,贫困农户可以通过自筹资金的方式进行生产投入,而劳动力是贫困农户(可扶持户)拥有的最宝贵的生产要素。以工代赈中贫困农户提供劳力获取工资就是最典型的利用贫困农户丰富的劳动力供给来换取生存资源的例子。可见,贫困农户和政府一样在扶贫过程中身兼数角,政府和贫困农户正好位于中国现行扶贫体系的一头一尾。

对整个扶贫开发工作来说,提高贫困农户的参与意愿、锻炼贫困农户的参与能力、加深贫困农户的参与程度是最重要的三个工作任务,将直接关系到最终扶贫效果的好坏。自治区在这方面也做了很多工作。进入21世纪以后,围绕《中国农村扶贫开发纲要(2010~2010年)》的目标、任务,继续有组织、有计划地开展贫困地区农牧民实用技术的基本技能方面的培训。2001~2004年,自治区安排培训经费共计2436万元,举办各类培训班1.45万期,培训农牧民约320万人次,有1/3的贫困劳动力得到了实用技术和基本技能方面的培训。仅2004年就培训63.44万人次,其中贫困地区农牧民62.2万人次,占98%。2005年开始进行劳动力转移培训基地的建设,依托现成职业学校,建立了1个国家级培训示范基地(3个教学点)、7个自治区级劳动力转移培训示范基地。国家级培训示范基地(3个教学点)由国务院扶贫办主办,自治区扶贫办管理,纳入了国务院扶贫款雨露计划示范基地序列。2008年,自治区给国务院扶贫办雨露计划示范基地和自治区劳动力转移培训示范基地安排扶贫培训资金200万元,加上各地配套资金,共投入322.1万元。除所在县临时办的短期训练班以外,由自治区和地州所办比较固定、正规的培训机构共有400余处,其中技工学校58所、农业技术推广学校100余所(含各县分校),由社会力量办的培训班256所。技工学校主要是培训到城镇务工并有一定文化的农村青年,毕业后多数在城镇从事比较固定的服务工作;而各类培训班则是务工人员外出打工前进行技能培训和务工应遵守纪律以及注意事项教育场所。技工培训一般有建筑施工、汽车驾驶、维修、美容美发、裁缝、烹饪、家政服务等。技能培训重点有地毯编织、民族刺绣、烹饪、农机汽摩修理、家电维修、民族糕点、服装裁剪、酒店宾馆服务、家政服务、建筑、加工制造、旅游服务等。短期季节工培训较简单,除学习一些采摘技术，主要是交代一些外出务工应遵守的纪律、法规等。据有关部门统计，2004年，自治区贫困地区参加培训学习的有 60 余万人次，其中塔城、伊犁、阿勒泰、阿克苏、和田、喀什、巴州等地区均在 1 万人以上。2005~2008 年，这 4 年各类培训的 205.43 万人次中，劳动力转移培训有 105.46 万人次，占 51.3%①。

（五）各主体的功能与作用

政府、社会组织、国际机构和贫困农户在现行扶贫开发体系中各司其职，肩负着不同的扶贫责任与义务。

在以政府为核心的扶贫体系中，各级政府都或多或少地扮演着以下角色：政府（中央政府）是决策者，划定一定的贫困标准来确定扶贫范围和目标群体，确定扶贫开发具体形式和参与成员，制定扶贫开发规划和扶贫开发目标；政府（各级政府）是领导者，通过建立各级扶贫开发领导小组的形式领导小组成员开展扶贫，小组成员往往结合本身业务领域进行相关工作，提高了扶贫开发的针对性和专业化；政府（各级政府）是投入者，是扶贫资金的主要来源，大体包括财政扶贫资金、扶贫专项贷款和地方配套资金三部分；政府（中央政府）是传递者，财政部、国家发改委、中国农业银行是三个传递主体，财政部传递的是以转移支付性质的财政扶贫资金，国家发改委负责以工代赈部分，中国农业银行传递的是贴息贷款资金；政府（自治区）是执行者，1996 年采取"四到省"后省级政府全权代理扶贫事务，执行则由贫困县、乡、村具体负责；政府（各级政府）是组织者，负责动员和组织社会成员及国际机构参与扶贫开发；政府（各级政府）是监督者，肩负着对扶贫过程进行监督、对扶贫效果进行评价，纠偏不当行为，并根据反馈信息及时调整扶贫策略和方式等。

社会成员和国际机构是政府进行扶贫开发的左膀右臂。他们的参与改变了我国单一式扶贫的局面，使扶贫主体多元化、系统化。动员和组织社会成员参与，积极寻求与国际扶贫机构合作，是我国扶贫理念的重大突破，极大地丰富了我国原有的扶贫方式。同时，有效弥补了政府扶贫的不足，提高了扶贫效率。对自治区而言，社会成员是除政府外最应该仰仗的扶贫力量。1994 年以后，国家 8 个定点扶贫单位和协作省份的山东省参与到自治区扶贫开发中来，国家定点帮扶单位至 2008 年累计投入 26599.65 万元，山东省则提供了多层次、多领域的援助，这

---

① 新疆通志——扶贫开发志［M］．乌鲁木齐：新疆人民出版社，2009．

些都对新疆扶贫开发事业做出了突出的贡献。自治区级定点扶贫也取得了突出的成绩,至2008年自治区级定点帮扶单位达到了228个,共帮扶30个贫困县的538个扶贫重点村,同时驻疆部队按照"就地就近"的原则帮扶140个扶贫重点村。进入新千年,尤其是2010年全国对口支援新疆工作会议召开以后,新一轮对口援疆工作全面展开,这一次规模更大、涉及的援建省市更广、投入的人财物更多。新疆应该充分利用这次历史契机,集中力量将新疆扶贫开发工作推向新的高度。当然,目前的社会扶贫也有其不足之处。最突出的一个问题就是,现在发起的社会帮扶大部分还是由政府组织和动员的,带有一定的行政命令形式,参与成员大多也是政府各级机关部委、下属单位、各地方省市等,作为社会组织效率最高、比重最大的企业明显参与力度不足。所以,如何调动企业等非政府组织参与扶贫的积极性,从而最大限度地提高扶贫效率,是摆在我们面前的一大课题。1995年新疆开始加强与国际扶贫机构的合作,许多国际合作项目陆续展开,取得了一定的扶贫效果。但是,与周边陕西、宁夏、甘肃省份相比,新疆与国际扶贫机构的合作还处于初级和试点阶段,合作深度和合作领域都有待加强。从另一个角度讲,新疆与国际扶贫机构的合作潜力十分巨大。同时,可以充分借鉴已有的国际合作的有效经验,如西南项目和秦巴项目提出的综合扶贫、整村推进、项目到户、群众参与和独立监测等理念和方法就值得自治区好好学习。从资金来源方面来说,与国际扶贫机构合作的项目资金一部分来源于国际机构提供,另一部分来源于地方配套资金,而且往往地方配套资金占绝大部分比重。也就是说,与国际扶贫机构的合作,既可以获得国际机构的资金支持,也可以接受国际扶贫机构先进的扶贫理念和扶贫方式,通过对国际扶贫经验的学习将对自治区乃至全国反贫困事业的顺利开展具有很强的指导意义。此外,与国际扶贫机构合作的项目往往效率高、扶贫目标明确、项目领域针对性强,一般是集中力量解决一个或者几个贫困地区的突出问题,这一点非常值得自治区学习。

贫困农户的定位不应再仅仅局限于受援者,而要最大限度地发挥其主观能动性。进入多元化扶贫新阶段后,贫困农户要具有更多的决策权,政府、社会成员、国际机构应该更多地将扶贫项目的选择权和决定权交给地方贫困农户,由其投票选出自己认为最恰当、最符合要求的扶贫项目。也就是说,由政府、社会成员、国际机构确定项目范围,由贫困农户负责选择具体实施项目。特别是在新疆,贫困农户以少数民族居多,各民族在生活习惯、文化信仰方面差异较大,决不能武断地制定扶贫规划和确定扶贫项目。

总之，从整个扶贫开发机制的运行角度讲，政府负责扶贫战略规划、扶贫地区和扶贫目标的确定，同时肩负投入者、组织者和监督者的责任；社会成员应充分发挥自己的优势，弥补政府扶贫效率较低的弊端；国际扶贫机构提供扶贫物资支持的同时，应传授先进的扶贫理念和扶贫方式；贫困农户要积极响应扶贫政策，提高自身参与程度，更多参与到扶贫项目的确定过程中去。通过有效的扶贫模式和具体的扶贫项目将政府、社会组织、国际机构及贫困农户联系起来，就构成了系统的扶贫开发机制结构（见图5-3）。

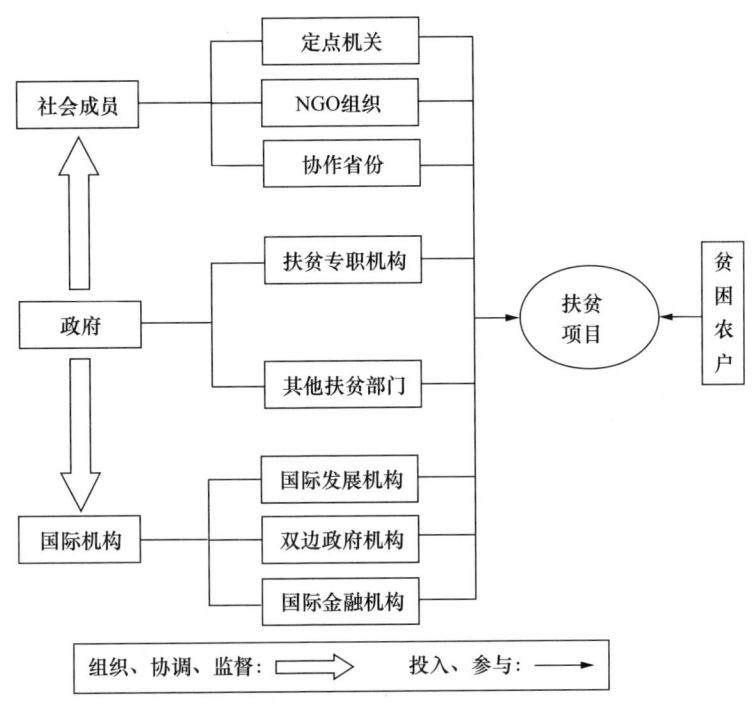

图5-3 扶贫开发机制结构

三、本章小结

本章首先将新疆农村反贫困历程划分为四个阶段，认清当前扶贫开发的重点与模式：即强调农户参与的重要性以及整村推进、产业化扶贫与劳动力转移培训的扶贫模式。其次理顺了扶贫开发机制中各个主体之间的关系，在新的扶贫开发阶段，不仅应强调政府的核心地位，还要提高农户的参与能力与自我发展能力。

第六章　新疆贫困地区政府行为与农户扶贫活动的参与

由第五章可知,在新的扶贫开发阶段,不仅应强调政府的核心地位,还要提高农户的参与扶贫意愿、参与能力与自我发展能力。本章主要实证研究政府对农牧民增收的作用以及影响农户参与意愿的因素。

一、政府行为与农牧民的增收

新疆扶贫开发的主要目标之一,就是要提高新疆贫困地区农牧民的收入水平。近年来,新疆农牧民收入持续增长,但与全国相比仍处于较低水平,尤其是贫困地区的农牧民收入不足全国平均水平的51.94%(王哲、陈见影,2008)。农牧民收入水平的提高和很多因素休戚相关。其中,市场化程度和政府行为无疑是影响农牧民收入最关键的因素(李春林、任博雅,2009)。基于此,本节用资金市场化率代表贫困地区的市场化程度、财政支出和财政自给率反映地方政府行为,重点研究政府行为对新疆贫困地区农牧民收入的影响。同时还分析了其他重要因素对农牧民增收的作用。

(一)模型设定与数据来源

1. 模型设定

我们采用柯布—道格拉斯生产函数的扩展形式来研究影响因素对新疆贫困地区农牧民收入的影响。将模型设定为:

$$Y = AK^{\alpha}L^{\beta}S^{\chi}U^{\delta}G^{\varepsilon}M^{\phi}F^{\varphi} \tag{6-1}$$

式中，A 代表农业技术水平；Y 代表新疆贫困地区农牧民人均纯收入；K 代表资本，用贫困地区的固定资产投资总额表示；L 代表劳动力，用乡村从业人员数表示；S 代表土地面积，用农作物播种面积表示；U 代表城镇化水平，用非农人口占总人口的比重表示；G 代表贫困地区政府在扶贫开发中的努力程度，用财政支出额表示；M 代表贫困地区的市场化程度，用资金市场化率表示，资金市场化率 = 1 - 地方财政收入/GDP；F 代表贫困地区的财政状况，用财政自给率表示，财政自给率 = 财政收入/财政支出。为了便于求解，我们同时对模型两边取对数，得到以下线性模型：

$$\ln Y = \lambda + \alpha \ln K + \beta \ln L + \chi \ln S + \delta \ln U + \varepsilon \ln G + \phi \ln M + \varphi \ln F + \mu \tag{6-2}$$

式中，各变量前为其弹性系数，μ 为随机扰动项。

2. 数据来源

2000~2009 年新疆 30 个贫困县各自的固定资产投资额、乡村就业人口数、农作物播种面积、政府财政收支额、非农业人口和总人口数等数据均出自历年《新疆统计年鉴》；新疆贫困地区农牧民人均纯收入数据出自 2003~2010 年的《新疆年鉴》。此外，在计算资金市场化率时所需各贫困县生产总值数据中，2003 年 27 个国定贫困县数据全部出自《中国农村贫困监测报告 2004》，3 个省定贫困县数据出自《新疆年鉴 2004》；喀什地区所属的疏附县、疏勒县、英吉沙县、莎车县、叶城县、岳普湖县、伽师县和塔什库尔干塔吉克自治县 8 个贫困县的数据中，2009 年数据出自《新疆年鉴 2010》，2005~2008 年数据出自相应年份的《中国农村贫困监测报告》，其余数据均出自历年的《新疆统计年鉴》。

如前所述，新疆地域辽阔，以天山为界可分为南疆和北疆两大区域。这两大区域所属贫困地区在人口结构、资源环境、经济基础等方面存在很大的差异，而其各自内部环境却大体一致。由于这种异质性，就会导致不同贫困地区对相同影响因素的反应有所不同。因此，本节在分析全疆情况的基础上，为了全面分析各变量对新疆不同贫困地区农牧民收入的影响，进一步将新疆贫困地区划分为南疆贫困地区和北疆贫困地区两部分，以便进行比较分析。其中，南疆包括乌什县、柯坪县、阿图什市、阿克陶县、阿合奇县、乌恰县、疏附县、疏勒县、英吉沙县、莎车县、叶城县、岳普湖县、伽师县、塔什库尔干塔吉克自治县、和田县、墨玉县、皮山县、洛浦县、策勒县、于田县、民丰县 21 个贫困县，而且全部都是国家级贫困县；北疆包括巴里坤哈萨克自治县、伊吾县、察布查尔锡伯自治县、尼勒克县、托里县、裕民县、和布克赛尔蒙古自治县、青河县、吉木乃县，9 个贫困县，伊吾县、裕民县和和布克赛尔蒙古自治县是 3 个省定贫困县，其他都是国家级贫困县。

3. 面板数据模型

面板数据（Panel – data）也可称为时间序列截面数据（Time – series and Cross – section Data）或混合数据（Pool – data），它由时间和截面空间上的二维数据构成。面板数据在截面上是由若干个体在某一时刻构成的截面观测值，在纵向上则是一个时间序列①。从理论上讲，一般线性面板数据模型可用下列形式表示：

$$y_{it} = \alpha_{it} + \beta_{it}^k x_{it}^k + u_{it} \qquad (6-3)$$

式中，y_{ij} 是被解释变量；α_{it} 代表截面单元的个体特性，反映被遗漏了的体现个体差异的因素影响；β_{it}^k 为参数向量；x_{it}^k 为 k 个解释变量所组成的向量；u_{it} 为随机干扰项；i 表示不同截面单元；t 代表不同的时间。

我们运用 F 统计量在混合回归模型和个体固定效应模型之间进行选择。其原假设为：不同横截面的截距项相同，建立混合回归模型；备选假设为：不同横截面的截距项不同，建立个体固定效应模型。F 统计量定义为：

$$F = [(SSEr - SSEu)/(N-1)] / [SSEu/(NT - N - k)] \qquad (6-4)$$

式中，SSEr、SSEu 分别是混合回归模型、个体固定效应模型的残差平方和；N 为截面单元个数；T 为时序期数；k 为自变量个数。对于混合回归模型来说，它比个体固定效应模型多了 N – 1 个被估参数。当模型中包含 k 个解释变量时，F 统计量的分母自由度为 NT – N – k。在 P 显著性水平下，如果 F > F (P, N – 1, NT – N – k)，则拒绝原假设，建立个体固定效应模型；反之，应采用混合回归模型。F 统计量和 1% 显著性水平下的临界值，如表 6 – 1 所示。

表 6 – 1 表明，无论是对全疆整体而言还是对南疆、北疆分地区而言都在 1% 显著性水平下拒绝原假设，所以都应该建立个体固定效应模型。进一步采用豪斯曼（Hausman）检验确定采用固定效应模型还是随机效应模型。检验结果（见表 6 – 2）显示，在 1% 的显著性水平下，3 个都应采用固定效应模型。

---

① 高铁梅. 计量经济分析方法与建模：EVIEWS 应用及实例 [M]. 北京：清华大学出版社，2006.

表6-1 F统计量和模型选择

	SSEr	SSEu	N-1	NT-N-k	F		检验结论
					统计量	临界值	
全疆	14.98966	3.049720	29	263	35.51	1.51	个体固定效应模型
南疆	8.339036	2.091532	20	182	27.18	1.63	个体固定效应模型
北疆	1.629307	0.610959	8	74	15.42	2.07	个体固定效应模型

表6-2 Hausman检验结果

	统计值	概率		统计值	概率		统计值	概率
全疆	44.044643	0.0000	南疆	18.684666	0.0092	北疆	122.252962	0.0000

4. 面板数据的单位根检验与协整检验

为了避免出现伪回归（Spurious Regression），在回归之前，我们先对各变量进行面板数据单位根检验（Panel Unite Test）。为了保证检验结论的稳健性，我们分别采用莱文等提出的 LLC 检验和马德拉等提出的 PP 检验进行面板数据的单位根检验。检验结果（见表6-3）显示，不管是全疆数据还是分区域数据，农牧民人均纯收入、固定资产投资额、乡村从业人数、农作物播种面积、城镇化率、财政支出、资金市场化率、资金自给率 8 个变量都存在单位根。对原序列一阶差分后，在 1% 显著性水平下，拒绝存在单位根的假设，表明这 8 个变量均为单整的 I（1）序列。在此基础上，采用卡奥（Kao）检验对计量模型进行协整检验，以保证变量间存在协整关系。全疆、南疆、北疆各自的卡奥检验值分别是 -5.02、-3.66、-3.65，均在 1% 显著性水平下通过协整检验。通过面板数据单位根检验和协整检验，验证了 3 个模型的变量间存在长期的均衡关系，进而保证了所建模型的有效性。

表6-3 面板数据单位根检验

变量	全疆		南疆		北疆		结论
	LLC	PP	LLC	PP	LLC	PP	
LnY	7.21877 (1.0000)	28.9631 (0.9998)	5.79854 (1.0000)	8.70744 (1.0000)	4.2711 (1.0000)	20.2556 (0.3186)	Yes

续表

变量	全疆		南疆		北疆		结论
	LLC	PP	LLC	PP	LLC	PP	
ΔLnY	−11.5205	161.574	−13.825	113.917	−2.98274	46.7762	No
	(0.0000)	(0.0000)	(0.0000)	(0.0000)	(0.0014)	(0.0002)	
LnK	−4.96884	68.5195	−3.91086	43.696	−3.07903	24.8235	Yes
	(0.0000)	(0.2107)	(0.0000)	(0.3993)	(0.0010)	(0.1299)	
ΔLnK	−18.6909	240.794	−14.579	188.207	−11.7065	52.5863	No
	(0.0000)	(0.0000)	(0.0000)	(0.0000)	(0.0000)	(0.0000)	
LnL	−2.28882	58.928	0.12173	39.1875	−3.60267	19.7405	Yes
	(0.0110)	(0.5149)	(0.5484)	(0.5951)	(0.0002)	(0.3476)	
ΔLnL	−15.3948	207.161	−14.9804	152.248	−5.31006	54.9138	No
	(0.0000)	(0.0000)	(0.0000)	(0.0000)	(0.0000)	(0.0000)	
LnS	4.64675	19.2177	−1.20756	56.7774	4.07254	1.04045	Yes
	(1.0000)	(1.0000)	(0.1136)	(0.0636)	(1.0000)	(1.0000)	
ΔLnS	−18.2925	296.259	−11.426	118.922	−13.5775	111.687	No
	(0.0000)	(0.0000)	(0.0000)	(0.0000)	(0.0000)	(0.0000)	
LnU	−2.74155	29.2954	−1.90433	18.3224	−1.96276	10.973	Yes
	(0.0031)	(0.9997)	(0.0284)	(0.9995)	(0.0248)	(0.8955)	
ΔLnU	−12.6341	150.782	−8.15056	85.7888	−9.82492	64.9928	No
	(0.0000)	(0.0000)	(0.0000)	(0.0001)	(0.0000)	(0.0000)	
LnG	8.82461	3.37876	9.21111	0.81914	2.08355	2.55962	Yes
	(1.0000)	(1.0000)	(1.0000)	(1.0000)	(0.9814)	(1.0000)	
ΔLnG	−7.81971	120.298	−7.04478	83.2678	−3.42553	37.0303	No
	(0.0000)	(0.0000)	(0.0000)	(0.0002)	(0.0003)	(0.0052)	
LnM	−2.10622	77.3597	1.95409	28.7484	−0.90826	13.5466	Yes
	(0.0176)	(0.0651)	(0.9747)	(0.9405)	(0.1819)	(0.7581)	
ΔLnM	−23.9914	218.753	−11.7663	194.964	−6.04711	92.5315	No
	(0.0000)	(0.0000)	(0.0000)	(0.0000)	(0.0000)	(0.0000)	
LnF	−2.94677	69.0076	−1.92744	53.7619	−3.01888	15.2457	Yes
	(0.0016)	(0.1992)	(0.0270)	(0.1054)	(0.0013)	(0.6450)	
ΔLnF	−16.6606	275.188	−14.6881	196.74	−8.12004	78.4483	No
	(0.0000)	(0.0000)	(0.0000)	(0.0000)	(0.0000)	(0.0000)	

注：Δ 表示各变量的一阶差分；括号内的数据表示相应的概率值；滞后项的选择采用施瓦茨（Schwarz）信息最大化准则确定；以上为 Eviews 6.0 检验结果。

(二) 回归结果分析

1. 全疆情况分析

对全疆 30 个贫困县的面板数据进行回归，回归结果（见表 6-4）显示：固定资产投资、农作物播种面积、城镇化率、财政支出、资金市场化率和财政自给率都对农牧民的增收有促进作用。其中，资金市场化率和财政支出对其作用最明显，弹性系数分别达到了 0.561915 和 0.453191，即资金市场化率和财政支出各自提高 1%，则农牧民收入将分别增长 0.56% 和 0.45%。资金市场化率代表市场机制的作用，财政支出意味着政府力量，这充分说明新疆贫困地区农牧民收入的增加要充分依靠"看不见的手"和"看得见的手"的共同作用。资金市场化率的提高，意味着更多的资金流入到民间尤其是企业当中，资金的使用和流通将更多受市场机制的影响，有助于其使用到最能提高效益和创造价值的地方①。从计量结果来看，它的作用要高于财政支出。城镇化水平的提高对农牧民增收的作用也较显著，意味着城镇化辐射和带动作用得到了很好的体现。农作物播种面积的扩大对农牧民增收的作用也不能忽视。这主要与新疆农业生产的现状有关，新疆人少地多且农业机械化水平全国第一，这就充分发挥了土地的规模效应，虽然播种面积每年增长幅度不大，但仍对农牧民增收产生了较强的积极效果。相比之下，财政自给率和固定资产投资的促进作用较小。这可能是由于新疆贫困县的财政主要还是靠国家和自治区扶持，由于绝对数较小，本身财政状况的好坏对地方经济影响较小，而固定资产投资多用于贫困县的公共基础设施建设，其作用往往是比较间接地，效应发挥需要一个累积的过程，具有服务性和滞后性的特点。在所有的变量中，只有乡村从业人员数对农牧民收入增长具有消极影响。这说明，从目前来讲，每增加一单位从业人员所抵消的边际收入的增加额大于由于劳动力增加所带来的产量增加的收入效益②。如何提高从业人员的素质、提高生产效率，成为解决这一问题的关键。

2. 南北疆比较分析

与全疆情况相似，大部分变量对农牧民增收都具有促进作用。从变量显著性角度，除北疆固定资产投资和乡村从业人员的弹性系数外，其余都通过了显著性检验。下面我们分别对比一下不同变量对不同地区农牧民收入的影响程度。

---

① 高新才，周西南. 制度变迁与经济增长的灰色关联分析——以甘肃省为例 [J]. 甘肃社会科学，2010 (3): 199 - 201.

② 马远，龚新蜀. 城镇化、财政支农与农牧民收入增加的关系 [J]. 城市问题，2010 (5): 60 - 65.

第六章 新疆贫困地区政府行为与农户扶贫活动的参与

表6-4 面板数据模型的回归结果

自变量	全疆	南疆	北疆
LnK	0.032161***	0.050568***	-0.009777
LnL	-0.283035***	-0.352689***	0.064495
LnS	0.118255***	0.085565*	0.211505***
LnU	0.290650***	0.240955***	0.499301***
LnG	0.453191***	0.486821***	0.346872***
LnM	0.561915***	2.940035***	0.437399***
LnF	0.044352**	0.119526***	0.102004***
C	5.834930***	6.293100***	4.157902***
观测值个数	300	210	90
R^2	0.971931	0.966205	0.944149
F检测值	252.964500	192.717200	83.397090
P值	0.000000	0.000000	0.000000

注：*、**、***分别表示在10%、5%、1%的显著水平下通过检验。

固定资产投资和乡村从业人员数对农牧民增收的影响，南疆与全疆的情况基本一致，在北疆模型中这两个变量并不显著，在这里我们就不做讨论了。从农作物播种面积的贡献情况来看，北疆要大于南疆。这主要是由于北疆经济基础更好，农业现代化水平更高，从而使土地的规模效益更明显。相似的道理，由于北疆城镇化水平更高，城镇功能更加完善，北疆造成城镇化水平对农牧民增收的影响要优于南疆。在政府支出方面，南疆则要强于北疆。南疆贫困程度比北疆更深，而且贫困地区多集中连片，周围几乎没有增长极和中心城市可以依靠，更需要政府强有力的外部干预，在支持力度和投入比例方面，南疆都要高于北疆，所以财政支出对南疆农牧民增收作用更大一些。两个地区的资金市场化率的作用差距最大。南疆资金市场化率的弹性系数达到了极高的2.94，远高于其他变量，同时也远高于北疆水平。这更加说明了南疆经济基础的薄弱和落后，南疆几乎没有现代的市场概念。以南疆目前所处的经济阶段和生活水平，根据美国经济学家哈维·莱宾斯坦提出的"临界最小努力"理论，这个最低的外部刺激的绝对值应该不高。将更多的资金投入民间，尤其是投入到企业和相关的扶贫开发项目中去，更有助于资金扩散效应和放大效应的发挥，对农牧民增收的乘数效应就会越明显。两地的财政状况影响相差不大，但财政收支平衡的作用不容小觑。

总之,从3个计量模型回归结果综合来看,新疆贫困地区农牧民收入增长,一要靠市场,二要靠政府。市场参与是农牧民增收的最有效途径,政府是农牧民增收的最有力保障;重视城镇化对周围地区的辐射和带动作用,继续推进农业产业化和农业现代化水平;继续加大固定资产的投资力度,为其累计效应的发挥创造条件;注重劳动力素质的培养和提高,努力保持财政收支平衡。

3. 政府和市场的职能定位

新疆贫困地区农牧民收入增加离不开政府和市场的共同作用。这一点在前文分析中得到了证实,它们都对农牧民增收具有突出的贡献。但是,政府干预和市场竞争本身就是一对矛盾体。加强政府干预自然会削弱市场竞争,鼓励市场竞争就会限制政府行为。从本书所选变量来看,财政自给率可以反映地方政府的控制能力,财政自给率越高,政府的干预能力就越强;资金市场化率则可以在一定程度上反映贫困县的市场化程度,资金市场化率越高就意味着更多资金的使用和分配由市场机制决定。那么对新疆贫困地区来说是否也存在着政府控制能力越强市场化程度就会越低的矛盾?如果存在,两者相互影响程度到底有多大?政府和市场在新疆扶贫开发过程中应该扮演怎样的角色?这些问题我们将通过面板数据的扩展模型予以回答。

对全疆、南疆、北疆地区三个模型进行扩展,可引入资金市场化率和财政自给率的交叉项 $LnM \times LnF$。从表6-5的回归结果来看,大部分变量弹性系数的大小、符号、显著性比扩展前没有太大变化,说明所建模型的稳定性还是非常不错的,只有个别变量的符号发生了改变并且没有通过显著性检验,这主要是由于引入交叉项 $LnM \times LnF$ 所产生的多重共线性造成的。通过观察交叉项我们发现三个模型交叉项系数都为负值,且都通过了显著性检验。这就说明资金市场化率和财政自给率确实存在挤出和抑制关系,验证了政府干预和市场竞争这一对矛盾。从影响大小来看,南疆远高于其他地区,北疆则低于全疆水平。这也与实际情况相吻合,南疆的政府干预力度确实要远大于经济基础相对较好的北疆地区。政府和市场都对农牧民增收具有积极的作用,但从贡献效率来看,显然市场更有效。这一点在前文的分析中也得到了证实,资金市场化率的作用要强于财政自给率和财政支出两个指标。所以从长远来看,农牧民增收主要还是依靠市场的力量,政府应更多承担服务、引导、协调工作。在新疆贫困地区尽快建立起较完备的市场机制,通过一系列扶贫开发项目和龙头企业带动等方式,鼓励农牧民提高市场参与度,借助市场使农牧民增收并培养和提高农牧民自我发展能力显然更有效。当然,绝不能忽视政府对农牧民增收的作用。本书更多评价的是政府直接干预的效果,但对新疆来说,尤其是新疆的贫困地区,由政府所提供的公共基础设施建设、社会保障体系、教育医疗卫生等间接贡献更加宝贵。政府在以后的投入中应加大对农牧民技能培训、农田水利建设、教育医疗等方面的投入比例,由管理者转变为服务者,帮助、引导、组织农牧民参与市场竞争,为贫困地区的农牧民争取更多的权利和公平。

表6-5 扩展模型的回归结果

自变量	全疆	南疆	北疆
LnK	0.030112***	0.049308***	-0.024177
LnL	-0.246140***	-0.315125***	0.127663
LnS	0.094902**	0.053962	0.172974***
LnU	0.275187***	0.205840***	0.355283***
LnG	0.480741***	0.505096***	0.401698***
LnM	0.503595***	-0.813464	0.418656***
LnF	0.076703***	0.076965	0.184074***
LnM × LnF	-0.868583***	-2.026931**	-0.791824***
C	5.395649***	5.690609***	3.338018***
观测值个数	300	210	90
R^2	0.971797	0.966224	0.962843
F检测值	243.992500	184.920300	118.226100
P值	0.000000	0.000000	0.000000

注:*、**、***分别表示在10%、5%、1%的显著水平下通过检验。

(三)研究结论

新疆贫困地区农牧民收入水平是衡量扶贫开发绩效的最重要指标,也是衡量扶贫开发机制运行状况最重要的标准。然而,农牧民收入水平却不仅仅是扶贫开发的结果,还会受到农牧民所在的贫困地区外部环境的影响,而这些就构成了对新疆贫困地区扶贫开发机制产生作用的外部影响因素,研究其对农牧民收入产生的影响有助于我们进一步提高新疆贫困地区的扶贫绩效。正是从这一出发点,我们利用2000~2009年新疆30个贫困县的面板数据分析了城镇化、财政支出、资金市场化程度等重要指标与农牧民增收之间的关系，从而得到以下主要结论：一是以资金市场化率为代表的市场化程度和以财政支出为代表的政府帮扶对农牧民增收贡献最大，且前者作用大于后者；二是城镇水平的提高和土地规模效益的发挥对农牧民增收意义重大；三是农牧民人口素质偏低，有待提高；四是南疆的资金市场化率和财政支出的增收作用要大于北疆，而北疆的城镇化和土地规模效应对农牧民增收的影响则强于南疆；五是政府干预力度的加强和市场功能的发挥相互有所牵制，市场扶贫更有效，政府应为贫困地区的农牧民争取更多的权利和公平。

鉴于以上结论，本节给出如下政策建议：第一，充分利用耕地资源丰富和农业机械化水平高的优势，发挥土地的规模效应。重点发展棉花、番茄、特色林果业等优势产业，扶持农产品深加工产业发展，推进农业产业化、现代化步伐。第二，注重劳动力素质的培养和提高。由政府牵头，通过农业技术推广站、定期技能培训等多种途径和方式，培养和锻炼农牧民生产技能，提高农牧民劳作效率和外出务工能力。第三，完善现有城镇功能，强化城镇辐射带动作用，建立良性城乡互动机制，降低农牧民进城成本，为农牧民进城务工提供必要的条件和机会。第四，充分利用财政支出的结构导向功能，缩小财政赤字。应率先支持最贫困地区、高寒地区等生产生活条件比较恶劣地区的发展，着重加大农业基础设施建设、水利设施建设的投入力度；更加关注经济社会的协调发展，将支出重点放在教育、社会保障、基础设施建设、农田水利、环境保护等方面[1]。第五，建立健全贫困地区市场机制，提高农牧民参与市场的能力和程度。全面掌握贫困地区的具体情况，结合实际设置扶贫项目，使农牧民由被动接受者变为主动参与者；对当地企业和扶贫企业给予适当的扶持，尤其是注意发挥龙头企业对当地经济发展的作用[2]。第六，加快制度创新，为贫困地区农牧民提供更多的权利与公平。深入研究非国有化、市场化、对外开放对贫困地区的作用，加快相关制度创新和配套设施建设[3]；建立系统长效的扶贫开发机制，创立对口支援、东西扶贫协作等多种扶贫形式，推动反贫困立法，为贫困地区农牧民争取更多的权利与公平。

---

[1] 黎翠梅. 地方财政农业支出与区域农业经济增长——基于东、中、西部地区面板数据的实证研究[J]. 中国软科学, 2009 (1): 182-188.
[2] 潘淑清. 当前增加农民收入的新举措[J]. 西北人口, 2002 (1): 64-65.
[3] 傅晓霞, 吴利学. 制度变迁对中国经济增长贡献的实证分析[J]. 南开经济研究, 2002 (4): 70-75.

二、农户参与扶贫活动的影响因素

理论上,农户参与扶贫开发活动要满足两个条件:一是属于贫困农户;二是有能力承接扶贫项目。如果国家和地方在资金、技术、能力等方面充分满足,那么只要符合这两个条件的农户就应该享受扶贫开发政策所带来的一系列优惠,但是以现在的国力水平显然无法满足这样的最优情况。无法达到最优,也就是说,不是所有贫困农户都可以参与扶贫活动,那么是哪些因素影响了扶贫项目在农户间的分配,这些因素又是如何影响的,下面将通过农户参与扶贫开发影响因素分析予以解答。

(一) 影响农户参与扶贫活动因素的选择

1. 社区基本情况

社区的基本情况主要包括是否为平原、是否为陆地边境县、是否为革命老区县、是否为少数民族聚居村、本村到最近县城的距离、使用节水栽培技术、有塑料大棚或温室、举办过专业技术培训、当年遭遇严重的自然灾害、本村是否为地方病病(疫)区等。社区的地形特征直接制约扶贫项目的选择与实施,一般认为,平原更利于扶贫项目开展,而且项目选择的范围也更广,但是丘陵地区和山区却往往是扶贫开发的重点区域;如果所在的社区是陆地边境县、革命老区县或者民族聚居村,往往由于其特殊的地理位置、重大的历史贡献、独特的人口环境等获得更多的政策支持,因此,农户参与扶贫开发的机会就会越多、可能性就会越大,同时,这些地区与其他地区相比往往也是贫困程度较严重的地区,于情于理都应重点对待;本村与县城距离越远,越不容易吸引外界力量的介入,也越不容易进行劳动力转移,同时对扶贫项目的监督和管理也相对困难一些;农业科技水平是制约扶贫效果的重要因素,使用节水栽培技术、有塑料大棚或温室、举办过专业技术培训的村为扶贫项目的实施奠定了较好的基础,但也正是由于这些村采取了这些措施往往比其他村更富有,贫困农户较其他村也会相对较少,反而扶贫活动发生在这些村的比重要更小;灾害和疾病同样是制约农户发展的重要因素,一般情况下,当年遭遇严重自然灾害的村和地方病病(疫)区往往是扶贫开发的重点区域。

2. 农户基本特征

农户基本特征包括家庭结构、从业类型、劳动力人数、土地使用情况等。一般认为，家庭人口负担过重是制约农户发展的重要因素，而夫妇与3个孩子以上的家庭更有可能参加扶贫活动，这类家庭由于较重的抚养负担陷入贫困，平均收入水平低于全村标准，属于被扶持对象。同时，又具备一定的劳动力，可以承接扶贫项目。农户的从业类型同样是制约农户的因素，农业户和农业兼业户更容易获得扶贫项目。这是因为一方面扶贫项目多与农业生产密切相关，农业户更适合；另一方面非农户的收入水平一般要高于农业户，往往不是被扶持对象；劳动力不足是制约农户发展又一重要因素，尤其是对劳动密集型农业产业而言，而参与扶贫项目可以获得资金和技术支持，弥补由于劳动力不足所带来的收入差距。土地使用情况制约农户发展，农户所拥有的耕地面积、林地面积、牧草地面积和桑园、茶园、果园面积等越多，家庭条件一般越好，参与扶贫活动的机会相对减少。此外，总收入和总支出也是制约农户行为的重要因素，这两个指标往往越小，农户参与的可能性越高，总收入越少，农户是扶助对象的可能性越高，贫困农户由于收入微薄，相应的总支出就会越少。

3. 农户自身的参与意愿

农户参与意愿是自身主观能动性的表现，制约着农户的行为，参与意愿越强烈，同时期望参与的项目与国家政策越符合，就越容易参与到扶贫活动中来。能够体现农户参与意愿的指标包括村里落实了新的项目本户知道、了解的途径、最希望得到的扶贫项目、本年本户的固定资产投资额等。如果村里落实了新的项目本户知道，不管是主动的，还是被动的，都能反映一定的参与意愿。了解途径有很多种，其中最主动的方式应是参与村民会议或者阅读村委会的公示。根据国家和地方的有关政策，结合新疆贫困地区的实际情况，种植业、林业、养殖业等生产性行业以及基本农业建设、修建及改扩建道路、退耕还林等项目，较容易获得扶贫资助。如果农户最希望得的扶贫项目与之吻合，就越有可能参与到扶贫活动中来。本户当年的固定资产投资额越高，农户的投资意识越强，参与扶贫活动的积极性也越高。

4. 农户自身的参与能力

农户自身的参与能力是制约农户发展的最重要因素，反映这方面的指标包括在没有救济的情况下粮食够吃、健康状况、文化程度、基本生活条件、曾受过技能培训人数、是否农牧业新技术示范户、是否参加专业性合作经济组织、是否参加合作医疗基金、是否参加过保险、借贷款余额中逾期未还等。农户在没有救济的情况下粮食够吃，说明具备一定的生产能力，这是参与扶贫活动的基础。农户家庭健康状况是参与生产活动的基本保障，健康状况越差，参与能力就越弱，对农户的制约越强烈，同时如果出现疾病或其他问题不能及时就医也是制约农户发展的重要因素。文化程度是农户参与能力的重要体现，同样也是制约农户发展的重要因素，文化程度高的农户学习新技术、新生产方式的能力较强，参与扶贫活动的能力就越强。基本生活条件涵盖了农户的住房状况、卫生条件、饮用水情况、取暖、生活能源获得情况等，如果基本生活条件无法获得满足，农户更谈不上自我发展能力的培养。农户所具备的技术能力也是一个制约农户发展的重要因素，受过技能培训的人数越多，表明该户整体的参与能力越强，但同时也说明该户很有可能由于生产技能的优势不是扶贫开发的对象。同样，作为农牧业新技术示范户往往具有较强的生产技术水平，参与能力就相对较高。而参加专业性合作经济组织的农户一般同时具有较强的参与意愿和参与能力。还有参加过医疗基金和保险的农户一般来说要比其他农户拥有更强的参与能力，而这类农户却通常不是贫困农户，一般家庭条件较好的农户才有能力参加医疗基金或者保险。此外，借贷款余额中逾期未还的金额越大，农户的压力就越大，如果资金缺口太大，农户无法对生产进一步投入，将直接影响农户的参与能力。

5. 农户参与的效果

农户参与效果对农户发展的影响至关重要。简单来说，农户获得的参与效果好就会对农户的发展产生积极的促进作用，而一旦参与效果未能达到预期效果则会产生消极的制约作用。从类别上看，农户的参与效果可以简单地分为两类：一是留在本村，主要从事农业生产的农户所获得的参与效果，用上一期相关产品的产量来衡量，包括谷物产量、棉花产量、瓜果类产量、园林水果产量、农作物副产品产量、专用农产品产量、林果产量、畜肉产量、家禽产量、蛋类产量、奶类产量。显然产量越小说明参与效果越差，农户发展能力提高的可能性也就越小，进一步发展受到了制约。二是劳动力转移，外出务工的农户所获得的参与效果，通过劳动力转移人数、劳动力外出地区、在外从事行业、在外务工时间、在外务工总收入等指标来衡量。往往转移人数越多、外出地区越发达、务工时间越长、务工收入越高、在外从事行业人数越多，越有可能通过外出务工获得较好的参与效果，从而有利于农户自身的发展。

(二) 模型设定与数据来源

1. 模型设定

从研究的问题来看，农户受制约因素影响会产生两种结果，即要么参与扶贫活动，要么不参与。对于这样的研究问题，结合制约因素的数据特征，笔者决定采用二元选择模型来进行具体研究。二元选择模型（Binary Choice Model）是离散模型的一种，用以研究在两个可供选择的方案中选择其一的情形，此时被解释变量只取两个值（0 和 1），目的是研究具有给定特征的个体作某种而不作另一种选择的概率[①]。一般形式如下：

$$y_t = \begin{cases} 1 & \text{一种选择} \\ 0 & \text{另一种选择} \end{cases}$$

进一步，用概率形式表示为：

$$P_i = F(Z_i) = F(\alpha + \beta X_i) = \frac{1}{1+e^{-Z_i}} = \frac{1}{1+e^{-(\alpha+\beta X_i)}} \quad (6-5)$$

对于给定 X_i，P_i 是个体做出某一特别选择的概率，由上式得到：

$$Ln\frac{P_i}{1-P_i} = Z_i = \alpha + \beta X_i \quad (6-6)$$

具体模型构建如下：

$$Ln\frac{P_i}{1-P_i} = \beta_0 + \beta_1 X_1 + \beta_2 X_2 + \cdots + \beta_i X_i + \mu \quad (6-7)$$

式中，β 为待估参数，各解释变量具体说明如表 6-6 所示。

表 6-6　农户是否参与扶贫开发活动的模型解释变量说明

变量名称	变量定义
平原地区（X_1）	平原 = 1；其他 = 0
陆地边境县（X_2）	陆地边境县 = 1；其他 = 0
革命老区县（X_3）	革命老区县 = 1；其他 = 0
少数民族聚居村（X_4）	少数民族聚居村 = 1；其他 = 0
本村到最近县城的距离（X_5）	按实距离计算

---

① 祝宏辉，王秀清. 新疆番茄产业中农户参与订单农业的影响因素分析 [J]. 中国农村经济，2007 (7)：67-75.

续表

变量名称	变量定义
使用节水栽培技术（X_6）	使用=1；不使用=0
有塑料大棚或温室（X_7）	有=1；没有=0
举办过专业技术培训（X_8）	举办过=1；未举办过=0
没有灾害发生（X_9）	没有灾害=1；发生灾害=0
不是地方病病（疫）区（X_{10}）	不是=1；是=0
夫妇与3个以上孩子（X_{11}）	是=1；其他=0
从业类型为农业户（X_{12}）	是=1；其他=0
从业类型为农业兼业户（X_{13}）	是=1；其他=0
劳动力人数（X_{14}）	家庭实际劳动力人数
耕地总资源（X_{15}）	按农户实际拥有的耕地面积统计
林地面积（X_{16}）	按农户实际拥有的林地面积统计
牧草地面积（X_{17}）	按农户实际拥有的牧草地面积统计
总收入（X_{18}）	农户实际家庭总收入
总支出（X_{19}）	农户实际家庭总支出
本户知道村里落实了新的项目（X_{20}）	知道=1；不知道=0
通过村民会议、村委会公示了解扶贫信息（X_{21}）	通过该方式=1；其他方式=0
最希望获得的扶贫项目是种植业（X_{22}）	最希望获得种植业=1；其他=0
最希望获得的扶贫项目是林业（X_{23}）	最希望获得林业=1；其他=0
最希望获得的扶贫项目是养殖业（X_{24}）	最希望获得养殖业=1；其他=0
最希望获得的扶贫项目是其他生产行业（X_{25}）	最希望获得其他生产行业=1；其他=0
最希望获得的扶贫项目是基本农业建设（X_{26}）	最希望获得基本农业建设=1；其他=0
最希望获得的扶贫项目是修建及改扩建道路（X_{27}）	最希望获得修建及改扩建道路=1；其他=0
最希望获得的扶贫项目是退耕还林（X_{28}）	最希望获得退耕还林=1；其他=0
本户当年固定资产投资完成额（X_{29}）	按本户当年实际固定资产投资总额计算
健康人数（X_{30}）	农户家庭实际健康人数
家庭成员能及时就医（X_{31}）	能及时就医=1；不能=0
初中文化程度（X_{32}）	初中文化=1；其他=0
小学及以下（X_{33}）	小学及以下=1；其他=0
房屋为砖木结构（X_{34}）	砖木结构=1；其他=0
有厕所（X_{35}）	有=1；没有=0
为用电户（X_{36}）	是=1；否=0

续表

变量名称	变量定义
饮水不困难（X_{37}）	不困难=1；困难=0
有取暖设备（X_{38}）	有=1；没有=0
取得生活燃料不困难（X_{39}）	不困难=1；困难=0
接受过第一产业技能培训（X_{40}）	接受过第一产业技能培训的人数
接受过第二产业技能培训（X_{41}）	接受过第二产业技能培训的人数
接受过第三产业技能培训（X_{42}）	接受过第三产业技能培训的人数
是农牧业新技术示范户（X_{43}）	是=1；否=0
是否参加专业性合作经济组织（X_{44}）	是=1；否=0
参加合作医疗基金（X_{45}）	参加=1；未参加=0
参加过商业保险（X_{46}）	参加=1；未参加=0
借贷款余额中逾期未还金额（X_{47}）	按实际逾期未还金额计算
在没有救济的情况下粮食够吃（X_{48}）	够=1；不够=0
谷物产量（X_{49}）	按当年实际产量计算
棉花产量（X_{50}）	按当年实际产量计算
瓜果类产量（X_{51}）	按当年实际产量计算
园林水果产量（X_{52}）	按当年实际产量计算
农作物副产品产量（X_{53}）	按当年实际产量计算
专用农产品（X_{54}）	按当年实际产量计算
天然林和人工林地采集的果实（X_{55}）	按当年实际产量计算
畜肉产量（X_{56}）	按当年实际产量计算
家禽肉产量（X_{57}）	按当年实际产量计算
蛋类产量（X_{58}）	按当年实际产量计算
奶类产量（X_{59}）	按当年实际产量计算
政府或单位组织劳动力转移（X_{60}）	由政府或单位组织劳动力转移的实际人数
转移地区为县内乡外（X_{61}）	转移到县内乡外的实际人数
在外从事行业人数（X_{62}）	按实际在外从业人数计算
在外务工6个月以上（X_{63}）	在外务工6个月以上的实际人数
在外务工总收入（X_{64}）	按在外务工实际收入统计

2. 数据来源与样本分布

从2001年开始，国家统计局新疆调查总队（原自治区农村社会经济调查队）

第六章　新疆贫困地区政府行为与农户扶贫活动的参与

每年对 27 个国家扶贫开发工作重点县（市）和 3 个自治区扶贫开发工作重点县的 300 个行政村 3000 户农户进行贫困监测，监测方式为问卷调查，问卷的填写坚持农户根据自身情况自行填写和专业工作人员指导相结合的方式，重点对自治区贫困人口和低收入人口、扶贫重点县的基础设施、社会服务、人口情况、灾害和社会保障、扶贫情况和分配资金落实情况、农民收入和生活情况等方面进行监测，共计 4500 个监测指标。

本节的研究采用了 2010 年国家统计局新疆调查总队的贫困监测数据，所有研究变量均选自 4500 个贫困监测指标，样本空间为 3000 户农户，覆盖了自治区 30 个贫困县（27 个国家级和 3 个自治区级）的 300 个行政村（扶贫开发重点村有 215 个，占 71.67%），贫困户比重达到 92%。其中，南疆调查数为 2150 户，占总数的 71.7%；北疆调查数为 850 户，占总数的 28.3%。此外，边境地区作为一类特殊的贫困地区，共包括 17 个扶贫重点县（市），其调查数为 1630 户，占总数的 54.3%（见表 6-7）。

表 6-7　国家统计局新疆调查总队贫困监测情况

序号	县（市）名	每个贫困县调查的村数（个）	每个村调查的农户数（户）	每个贫困县调查的农户总数（户）	备注
南疆（21 个县市）		215	10	2150	
一、和田地区					
1	和田县	10	10	100	边境县
2	墨玉县	13	10	130	
3	皮山县	10	10	100	边境县
4	洛浦县	10	10	100	
5	策勒县	10	10	100	
6	于田县	10	10	100	
7	民丰县	10	10	100	
二、喀什地区					
1	疏附县	11	10	110	
2	疏勒县	10	10	100	
3	英吉沙县	10	10	100	
4	莎车县	13	10	130	
5	叶城县	10	10	100	边境县

续表

序号	县(市)名	每个贫困县调查的村数(个)	每个村调查的农户数(户)	每个贫困县调查的农户总数(户)	备注
6	岳普湖县	10	10	100	
7	伽师县	10	10	100	
8	塔什库尔干县	8	10	80	边境县
三、克孜勒苏柯尔克孜自治州					
1	阿图什市	10	10	100	边境县
2	阿克陶县	10	10	100	边境县
3	阿合奇县	10	10	100	边境县
4	乌恰县	10	10	100	边境县
四、阿克苏地区					
1	乌什县	10	10	100	边境县
2	柯坪县	10	10	100	
北疆(9个县)		85	10	850	
五、伊犁地区					
1	察布查尔县	9	10	90	边境县
2	尼勒克县	10	10	100	
六、阿勒泰地区					
1	青河县	10	10	100	边境县
2	吉木乃县	8	10	80	边境县
七、塔城地区					
1	托里县	10	10	100	边境县
2	裕民县	10	10	100	边境县
3	和布克赛尔县	10	10	100	边境县
八、哈密地区					
1	巴里坤县	10	10	100	边境县
2	伊吾县	8	10	80	边境县
全部总计		300	10	3000	
南疆总计		215	10	2150	
北疆总计		85	10	850	
边境县总计		163	10	1630	

（三）计量结果与分析

1. 样本描述统计分析

从参与农户和非参与农户各样本指标的统计分析来看，情况较复杂，有些指标存在较大的差异，有些则无明显不同。

从社区情况来看，参与农户多分布在陆地边境县和少数民族聚居村，分布在革命老区县的比例也要高于非参与农户，而分布在平原地区的比例相对较小，这种情况符合扶贫开发重点区域的选取原则；非参与农户多分布在使用节水栽培技术、没有灾害发生和不是地方病病（疫）区的地方，这是由于使用节水栽培技术的村较先进，贫困农户相对较少，而没有灾害发生和不是地方病病（疫）区的村也不是扶贫开发的重点区域；本村到最近县城的距离和有塑料大棚或温室这两个指标差距不大。

从农户的基本特征来看，参与农户为农业户的比重较高；同时参与农户拥有的平均的耕地面积、林地面积和牧草地面积也要高于非参与农户；而总收入和总开支则都小于非参与农户；其他指标差异并不明显。

从农户参与意愿反映出来的情况来看，参与农户与非参与农户在是否知道村里落实了新的项目方面存在明显的差异，知道的农户在参与农户中达到了93.9%，而在非参与农户中仅占34.1%；通过村民会议、村委会公示了解扶贫信息上，参与农户和非参与农户也存在较大差异，参与农户相对积极，主动了解扶贫信息的比例达到了77.7%，非参与农户只有32.7%；在最希望获得的扶贫项目方面，参与农户和非参与农户的情况没有明显的差异；参与农户固定资产投资额的平均水平要高于非参与农户，在这方面表现出了更高的积极性。

在参与能力方面，情况比较复杂，合理的解释是扶贫开发作为一种准公共物品，往往不是"趋利"，而是"趋害"，也就是说，扶贫开发的参与农户很多是能力较弱的农户，而其他农户由于相对较强的能力，家庭条件更优越，并不是扶贫开发的参与对象。从实际的样本统计信息来看，大部分指标没有明显差异，比例指标中差异在5个百分点以上的指标有房屋结构、农牧业新技术示范户、参加合作医疗基金、参加过商业保险，前两个指标是参与农户高于非参与农户，后两个指标则正好相反。对以上情况的解释是，参与农户房屋结构为砖木结构的比例高很有可能是抗震安居项目的功劳，在新疆贫困地区最常见的房屋结构还有土坯房；参与农户多为农牧业新技术示范户的原因在于新技术推广时在政策上也倾向于选择贫困农户作为推广对象；参加合作医疗基金和参加过商业保险的多为非参与农户，这是因为参与这两个事项的农户家庭一般相对富裕，不是扶贫对象。此外，借贷款余额中逾期未还金额非参与农户要高于参与农户。

从效果来看，参与农户虽然参与了扶贫项目，但是很多主要产品的产量仍低于非参与农户，只有农作物副产品产量、专用农产品、畜肉产量和奶类产量相对较高；而在劳动力转移方面，由于力度和规模较小，所以参与农户和非参与农户并没有较大的差异，只是各个指标数据参与农户均要大于非参与农户，这可能是由于参与农户的家庭情况相对较差，受家庭生活压力所迫，参与农户的家庭成员外出务工的积极性相对较高的缘故。具体样本统计信息如表6-8所示。

表6-8 参与农户与非参与农户的基本特征

项目名称	单位	参与农户	非参与农户
平原地区	%	39.27	76.39
陆地边境县	%	46.15	34.36
革命老区县	%	7.29	0.44
少数民族聚居村	%	95.95	94.19
本村到最近县城的距离	公里	34.45	34.40
使用节水栽培技术	%	40.49	55.21
有塑料大棚或温室	%	51.42	52.05
举办过专业技术培训	%	85.02	84.27
没有灾害发生	%	53.85	58.01
不是地方病病（疫）区	%	78.95	87.00
夫妇与3个以上孩子	%	37.25	39.23
从业类型为农业户	%	49.39	42.61
从业类型为农业兼业户	%	36.84	48.67
劳动力人数	人	2.91	3.22
耕地总资源	亩	1477.13	1409.18
林地面积	亩	129.19	58.29
牧草地面积	亩	14366.73	9621.65
总收入	元	22841.63	23653.93
总支出	元	16771.17	19134.01

续表

项目名称	单位	参与农户	非参与农户
本户知道村里落实了新的项目	%	93.93	34.07
通过村民会议、村委会公示了解扶贫信息	%	77.73	32.66
最希望获得的扶贫项目是种植业	%	30.77	33.85
最希望获得的扶贫项目是林业	%	6.07	5.34
最希望获得的扶贫项目是养殖业	%	47.77	46.20
最希望获得的扶贫项目是其他生产行业	%	1.62	0.36
最希望获得的扶贫项目是基本农业建设	%	4.86	1.60
最希望获得的扶贫项目是修建及改扩建道路	%	2.02	1.42
最希望获得的扶贫项目是退耕还林	%	1.21	0.58
本户当年固定资产投资完成额	元	2182.31	1167.25
健康人数	人	4.12	4.50
家庭成员能及时就医	%	95.55	90.08
初中文化程度	%	47.37	51.80
小学及以下	%	25.51	22.81
房屋为砖木结构	%	48.18	38.83
有厕所	%	78.54	75.59
为用电户	%	97.57	93.28
饮水不困难	%	91.50	94.19
有取暖设备	%	99.19	99.78
取得生活燃料不困难	%	65.99	63.28
接受过第一产业技能培训	人	0.61	1.34
接受过第二产业技能培训	人	0.03	0.02
接受过第三产业技能培训	人	0.07	0.05
是农牧业新技术示范户	%	85.02	72.28
是否参加专业性合作经济组织	%	10.12	5.38
参加合作医疗基金	%	85.83	92.63
参加过商业保险	%	4.45	10.82
借贷款余额中逾期未还金额	元	87.85	347.97
在没有救济的情况下粮食够吃	%	95.55	92.63
谷物产量	公斤	3088.12	3706.29
棉花产量	公斤	171.94	336.41

续表

项目名称	单位	参与农户	非参与农户
瓜果类产量	公斤	142.27	300.16
园林水果产量	公斤	118.13	209.65
农作物副产品产量	公斤	258.14	111.59
专用农产品	公斤	238.54	170.27
天然林和人工林地采集的果实	公斤	11.06	24.70
畜肉产量	公斤	231.96	218.07
家禽肉产量	公斤	4.69	5.81
蛋类产量	公斤	2.73	2.63
奶类产量	公斤	301.65	63.56
政府或单位组织劳动力转移	人	0.13	0.04
转移地区为县内乡外	人	0.13	0.09
在外从事行业人数	人	0.40	0.32
在外务工6个月以上	人	0.04	0.02
在外务工总收入	元	1868.02	1131.70

2. Logit 模型回归结果与分析

运用 Eviews 6.0 软件对 3000 个农户样本进行 Logit 回归，可分析不同制约因素对农户参与扶贫活动的影响情况，进而挖掘影响扶贫开发机制效果的真正内因。在处理过程中，由于变量较多，数据波动性较大，宜采用后筛选法剔除不显著变量，具体操作过程如下：首先，导入全部变量并进行回归；其次，根据 Z 统计值的大小逐个剔除不显著变量，再重新回归，直到所有变量基本显著为止。为了达到计量目的，共进行了 40 次回归，相应得到了 40 种计量结果，且每次回归的结果基本稳定。受篇幅限制，仅在此列出包含全部变量的回归结果和变量都显著的回归结果，如表 6-9 所示。计量结果包含了各解释变量的参数估计值和 Z 统计值以及该模型下的预测准确率（C=0.5）、LR 统计值和 McFadden R^2 等信息。其中，预测准确率（C=0.5）表示截断概率值 C 等于 0.5 时，模型对观察值预测的准确率，而 LR 统计值和 McFadden R^2 等同于最小二乘法下的 F 统计量和拟合优度 R^2[①]。

[①] 高铁梅. 计量经济分析方法与建模：Eviews 应用及实例 [M]. 北京：清华大学出版社，2006.

表6-9　Logit模型回归结果

解释变量	模型一 参数	模型一 Z统计值	模型二 参数	模型二 Z统计值
常数项	-3.59119**	-2.09476	-3.18010***	-5.59088
平原地区	-1.77943***	-5.76777	-1.71644***	-7.28446
陆地边境县	0.60968**	2.07471	0.68715***	2.97394
革命老区县	1.84313**	2.07804	1.86033**	2.50013
少数民族聚居村	0.65763	0.98460	—	—
本村到最近县城的距离	0.00366	0.90933	—	—
使用节水栽培技术	-0.77820***	-2.59166	-0.56634**	-2.37662
有塑料大棚或温室	0.08249	0.33158	—	—
举办过专业技术培训	-0.43850	-1.04820	—	—
没有灾害发生	-0.08878	-0.33103	—	—
不是地方病病（疫）区	-0.32400	-0.75834	-0.56976*	-1.78505
夫妇与3个以上孩子	-0.09419	-0.43159	—	—
从业类型为农业户	0.38018	0.99282	0.61382***	3.05250
从业类型为农业兼业户	-0.31568	-0.94069	—	—
劳动力人数	-0.13347	-1.36867	-0.11723*	-1.73631
耕地总资源	-0.00006	-0.65013	—	—
林地面积	-0.00032*	-1.91234	-0.00027*	-1.82463
牧草地面积	-0.000002	-1.12361	—	—
总收入	-0.00005***	-3.23733	-0.00004***	-3.96476
总支出	-0.00008***	-4.49839	-0.00008***	-5.17952
本户知道村里落实了新的项目	4.22727***	8.48388	4.12772***	12.51382
通过村民会议、村委会公示了解扶贫信息	-0.07916	-0.20690	—	—
最希望获得的扶贫项目是种植业	0.29804	0.64754	—	—
最希望获得的扶贫项目是林业	-0.29381	-0.44767	—	—
最希望获得的扶贫项目是养殖业	0.04714	0.10491	—	—
最希望获得的扶贫项目是其他生产行业	2.23966**	1.99650	2.41433**	2.51466
最希望获得的扶贫项目是基本农业建设	0.69004	0.99978	—	—
最希望获得的扶贫项目是修建及改扩建道路	0.56539	0.59838	—	—
最希望获得的扶贫项目是退耕还林	-1.38779	-1.61325	-1.46117**	-2.00497
本户当年固定资产投资完成额	0.00008***	3.48444	0.00009***	4.34004

续表

解释变量	模型一		模型二	
	参数	Z 统计值	参数	Z 统计值
健康人数	0.03019	0.34859	—	—
家庭成员能及时就医	-0.22020	-0.51572	—	—
初中文化程度	0.06101	0.24892	—	—
小学及以下	-0.04270	-0.13973	—	—
房屋为砖木结构	-0.20756	-0.97194	—	—
有厕所	0.76272**	2.49542	0.69684***	2.71245
为用电户	0.62668	1.09430	—	—
饮水不困难	0.21493	0.53158	—	—
有取暖设备	-1.02405	-0.88599	—	—
取得生活燃料不困难	0.09545	0.34270	—	—
接受过第一产业技能培训	-0.14428	-1.56083	-0.17754**	-2.11955
接受过第二产业技能培训	-0.28070	-0.41830	—	—
接受过第三产业技能培训	0.24302	0.82293	—	—
是农牧业新技术示范户	0.98228**	2.54273	0.74248**	2.34338
是否参加专业性合作经济组织	2.41691***	4.96996	2.27216***	5.09534
参加合作医疗基金	-1.40509***	-3.88117	-1.53171***	-4.83412
参加过商业保险	-2.10980***	-4.31173	-2.11780***	-4.78050
借贷款余额中逾期未还金额	-0.00021*	-1.64963	—	—
在没有救济的情况下粮食够吃	0.18575	0.46707	—	—
谷物产量	-0.00001	-0.14504	—	—
棉花产量	-0.00017	-0.86940	—	—
瓜果类产量	-0.00016**	-2.19135	-0.00015**	-2.31826
园林水果产量	-0.00035	-1.53320	—	—
农作物副产品产量	0.00044***	3.42811	0.00044***	4.68377
专用农产品	0.00010	1.31057	—	—
天然林和人工林地采集的果实	0.00026	0.20817	—	—
畜肉产量	-0.00083	-1.43501	-0.00082**	-2.01248
家禽肉产量	0.00240	0.29705	—	—
蛋类产量	0.00467	0.73502	—	—
奶类产量	0.00030	1.63526	0.00038**	2.36636

续表

解释变量	模型一		模型二	
	参数	Z 统计值	参数	Z 统计值
政府或单位组织劳动力转移	0.24762	0.80714	—	—
转移地区为县内乡外	0.20538	0.74573	—	—
在外从事行业人数	-0.31957	-1.00132	—	—
在外务工 6 个月以上	-0.83887	-1.38708	—	—
在外务工总收入	0.00012	1.63595	0.00006 **	1.90993
预测准确率（C=0.5）	0.875		0.872	
LR 统计值	815.33 ***		788.64 ***	
McFadden R^2	0.478		0.462	

注：*、**、*** 分别表示在 10%、5%、1% 的显著水平下通过检验。

从模型一和模型二的估计结果来看，回归结果基本保持稳定，较大的区别在于不是地方病病（疫）区、从业类型为农业户、劳动力人数、最希望获得的扶贫项目是退耕还林、接受过第一产业技能培训、奶类产量、在外务工总收入 7 个指标在模型二中表现为显著，这很有可能是由于原系统中变量间相互影响造成的，剔除干扰变量后才显现为显著。两个模型的 LR 统计值分别为 815.33 和 788.64，考虑到模型二是模型一的嵌套模型，在剔除了 39 个不显著指标后变化不大，说明被剔除指标对农户是否参与扶贫活动影响不大。此外，两个模型的 McFadden R^2 值分别为 0.478 和 0.462，由于样本为截面数据，所以这样的估计结果也是可以接受的。

（四）模型分析与结论

1. 分析

对具体的估计结果，可以作出以下的分析和解释：

（1）农户所在社区情况。调查农户所在的村地处平原地区与农户是否参与扶贫活动显著为负，与理论分析相一致，说明平原地区并不是扶贫开发的重点区域。同时，调查农户所在地为陆地边境县或者革命老区县都与农户是否参与扶贫活动显著为正，再次印证了以上结论，即如果农户所在的社区为边境县或者革命老区县，农户就越有可能参加扶贫活动，在这里还要说明的是虽然少数民族聚居村并未通过显著性检验，但是边境县和革命老区县等地区往往就是少数民族聚居的地方，按照实际情况，少数民族聚居村同样是扶贫开发的重点区域，未通过检验很有可能是变量间相互影响造成的。使用节水栽培技术与农户参与扶贫活动显著负相关，使用该技术的村一般整体生产水平相对较高，作为发展较好的地区参与扶贫活动的机会就会减少，与理论分析一致。同样的道理，如果农户所在地不是地方病病（疫）区，也具备了较好的发展环境，相比较是地方病病（疫）区的村参加扶贫活动的可能性相对小一些，计量结果也显示，不是地方病病（疫）区与农户是否参与扶贫活动负相关，理论分析和计量结果相一致。

（2）农户基本特征。农户从业类型为农业户与农户是否参与扶贫活动显著正相关，与理论分析一致，扶贫活动多为在农村实施的与农业相关的扶贫项目，如果农户主要从事农业生产就更有可能参与扶贫活动。农户家庭劳动力人数通过了显著性检验且为负，表明农户家庭劳动力人数越多，参与扶贫活动的机会就越少，原因可能在于对属于劳动密集型的农业生产来说，劳动力越多相对越有优势，劳动力多的家庭就会相对富裕，从而并不是扶贫开发的目标对象，自然参与机会就少，这与理论分析一致。农户基本特征指标中通过显著性检验的还有林地面积、总收入和总支出，并且都与农户是否参与扶贫活动负相关，与理论分析一致，但是回归系数都非常小，说明它们对农户是否参与扶贫活动的影响微乎其微。

（3）农户参与意愿。本户知道村里落实了新的项目与农户是否参与扶贫活动显著相关，从回归系数来看，这种相关程度非常强烈，也就是说，农户是否知道村里落实了新的扶贫项目与是否参与密切相关，知道的农户越多，参与的农户就会越多，这与前文理论分析一致。农户最希望获得的扶贫项目中只有其他生产行业和退耕还林通过了显著性检验，其他指标均为通过检验。毋庸置疑的是指标中所列项目都是扶贫开发的重点发展项目，之所以出现这样的情况很有可能是由于填写这些项目的农户大部分并没有真正获得该项目，所以才会成为"最希望"，这就导致与农户参与扶贫活动的相关性很低，因此大部分没有通过检验。这与前文的分析有所出入，并不是"希望"就能够"获得"，恰恰体现出了农户日益强烈的参与愿望与扶贫资源有限的矛盾。本户当年固定资产投资完成额通过检验且为正，说明固定资产投资越多的农户，参与的可能性越大，这很有可能是参与扶贫项目所产生的效果，但是系数显示影响很小。

（4）农户参与能力的影响。在前文的理论分析中有很多反映农户参与能力的标志性指标，在回归分析中并未通过显著性检验，如健康状况、文化程度、基本生活条件的某些指标等。究其原因，可能有以下几点解释：一是调查样本中九成以上都是贫困农户，而贫困农户在各方面的个体差异非常小，同时参与扶贫活动农户的比例又非常小，从而造成影响指标不显著；二是由于扶贫开发的公共品属性，并不是能力强的人越有机会参与扶贫活动，现实情况中往往相反，所以造成很多指标没有预期的有影响力甚至出现了负影响；三是非贫困农户凭借其各方面较强的条件，挤占了少量扶贫项目，造成某些指标的作用被弱化或者抵消。在通过检验的指标中，农户家庭有厕所与是否参与扶贫活动显著正相关，而且系数相对较大，说明影响程度较大，出现这种情况的原因可能是由于其他代表农户基本生活条件的指标被剔除后，该指标不同程度上替代、累积了被剔除变量对被解释变量的影响所造成的。接受过第一产业技能培训与农户参与扶贫活动显著负相关，这是由于接受过培训的农户凭借其较高的生产技能，生活相对富足，往往不是特困户，自然参与的机会就相对较少，这与理论分析相一致。是否参加专业性合作经济组织与农户是否参与扶贫开发活动显著正相关，专业性合作经济组织是建立在家庭承包经营基础上，不改变现有的生产关系，不触及农民的财产关系，由从事同类产品生产经营的农户（专业户）自愿组织起来，在技术、资金、信息、购销、加工、储运等环节实行自我管理、自我服务、自我发展，以提高竞争能力、增加成员收入为目的的专业性合作组织。在新疆贫困地区也存在各式各样的专业性合作经济组织，与其他地区不同的是这些组织的形成往往带有较明显的政策信号，掺入了政府干预的力量，一般通过村级基层组织形成，目的是通过专业合作组织的形式提高贫困农牧民的收入水平。所以，参与该类组织的农户大部分都是贫困农户，而且通常都是承接了扶贫项目的农户，如果其中某些农户都在一个地区，该组织往往围绕某一扶贫项目展开运作。可见，参加专业性合作经济组织的农户同时参与扶贫活动就一点都不为怪了，而且这些农户一般都具有较强的参与意愿和一定的参与能力，与理论分析一致。参加合作医疗基金和参加过商业保险与是否参与扶贫活动显著负相关，这是因为参与以上两项活动的农户家庭大部分都具有一定的经济基础，尤其是商业保险，在基层实际情况中也是家庭条件较好、有储蓄、又具备一定的风险意识和投资意识的农户愿意参加合作医疗基金和商业保险，贫困农户光在资金条件上就受到限制，因此，既参与这两个事项又同时参与扶贫活动的概率就较低。此外，借贷款余额中逾期未还金额在表6-9的模型一中通过了检验，呈负相关，也就是说逾期未还金额越多，参与的可能性越小，这也与实际情况相符。

(5) 农户参与效果的影响。根据估计结果显示，与理论分析存在一定的出入。通过显著性检验的指标有瓜果类产量（负影响）、农作物副产品产量（正影响）、畜肉产量（负影响）、奶类产量（正影响）、在外务工总收入（正影响），不管是正影响还是负影响都非常小，几乎可以忽略。究其原因，可能还是在于扶贫开发的特殊性，农户根据参与程度好坏来决定是否还继续参与扶贫活动仅存在于理论探讨，实际情况是如果农户通过参与扶贫活动"脱贫致富"了，农户下一期将不会再得到扶贫项目，而是将扶贫项目转移给了更贫困的农户，本质上是由于在扶贫资源的限制下政府主导所造成的，农户的选择权和决定权微乎其微。所以，农户选择是否参与扶贫活动与参与活动的好坏没有必然的联系，尤其是对以一年为时间期限的扶贫项目而言，但是我们仍然不能忽视扶贫效果所产生的积极作用，它不但帮助一部分农户在一定时间内摆脱了贫困，而且会产生示范作用和诱导作用，增强其他农户的参与意愿，从这个角度讲，参与效果肯定是影响农户参与的因素之一，只是不像其他因素那样直接。

2. 结论

通过以上分析，我们发现参与扶贫活动的贫困农户一般具有以下特点：

(1) 参与的贫困农户所在地区自然环境恶劣，多为边境县和革命老区县等最落后地区，这些地区农业科技水平落后，又多是地方病病（疫）区。

(2) 参与的贫困农户多为农业户，基本都从事农业生产，表现为家庭劳动力不足、健康状况差、文化水平低、土地使用率低、总收入和总支出较小等。

(3) 参与的贫困农户多对所参与的扶贫活动有相当的了解，他们更愿意参与生产类项目，但是农户需求与扶贫资源相对有限的矛盾往往得不到满足，此外，贫困农户还体现出对固定资产投资的热情。

(4) 参与的贫困农户多表现为"更贫困"、"能力更差"、"更需要帮助"，他们往往没有接受过正规且长期的技术培训，尤其是和农业生产相关的技术培训，更愿意参与农业专业性合作组织以此来提高个体力量，没有额外的收入参与合作医疗和商业保险，家庭债务负担较大。

(5) 参与的贫困农户农业产量相对较低，外出务工人员多。

与其说贫困农户选择参与扶贫活动，倒不如说贫困农户被选择参与扶贫活动，这些影响农户参与扶贫活动的因素就成为了选择的依据。根据前文的假设，这些影响因素在农户身上体现得越明显，就意味着该农户越贫困，只有尽量降低这些因素的影响，贫困农户才有可能真正脱困。综上所述，新疆贫困地区和贫困农户要想真正摆脱贫困,除了需要完善的扶贫开发机制和良好的外部环境外,更重要的是贫困农户自身发展能力的提高。

三、本章小结

本章主要从实证角度分析了扶贫开发机制中两个重要主体——政府与农户的行为,分别是政府行为对农牧民增收的作用以及农户参与扶贫项目的影响因素。主要运用 2000~2009 年新疆 30 个贫困县的相关数据,实证研究了政府行为对农牧民增收的作用,研究发现:财政支出和市场化程度对农牧民增收都具有明显的促进作用;两者对南疆贫困地区农牧民的增收作用要大于北疆。总体来看,市场要比政府更有效,政府应为贫困地区农牧民提供更多的权利和公平。利用新疆 30 个扶贫重点县的 3000 户农户的调查数据,对影响农户参与扶贫活动的因素进行了计量经济分析。分析结果表明:从农户所在社区情况、农户基本特征和具备的能力来看,总体反映出社区情况越恶劣、农户各方面条件和能力越差,越有可能参与扶贫活动的规律,从而验证了扶贫开发所具有的"趋害疏利"的特性;从农户的参与意愿来看,农户对扶贫活动或扶贫项目的了解程度显著影响其参与活动,同时还体现出农户参与愿望与扶贫资源相对有限的矛盾。

第七章　新疆贫困地区扶贫资金的投向结构与使用效果

按规定扶贫资金由自治区统一安排使用，自治区及相关部门行使权力并完成既定扶贫任务。扶贫资金功效的发挥是通过对扶贫项目的资助来实现的，除对常规的生产项目扶持以外，基础设施建设、技术培训、教育卫生事业、资源开发、人才引进等都是在扶贫资金的资助下以扶贫项目的形式开展的，此外，不同来源扶贫资金的差别使用还能够体现出其中的政策意图和制度安排，也就是说，几乎所有其他形式扶贫资源的使用和开发都离不开扶贫资金的投入。基于此，本章将扶贫资金作为最重要的扶贫资源予以研究。

一、扶贫资金来源与投向分析

（一）扶贫资金的来源、构成与变化

新疆获得的扶贫资金主要来源于中央拨付和地方配套。国家扶贫资金主要由三部分构成：贴息贷款、以工代赈资金和财政扶贫资金。其中，财政扶贫资金主要用于改善贫困地区的生产生活条件、发展经营、修建乡村道路、普及教育、对贫困农户进行技术培训、防止地方病等；以工代赈扶贫资金专门用于贫困地区的基础设施建设，又以修建各级道路、建设基本农田、兴修农田水利等为主；扶贫贴息贷款则主要投放于种植业、林果业、养殖业以及当地具有较好还款能力的农产品加工项目。总之，扶贫资金就是通过这三种传递形式源源不断地流向贫困地

区，并各有侧重地推动贫困地区发展。

自1994年国家八七扶贫攻坚计划实施以来，新疆的扶贫资金投入①大体可以分为三个阶段，如图7-1所示。1994~1999年，新疆扶贫资金投入逐年增加，由最初的4.14亿元增加到9.48亿元，增长幅度虽然不明显，但是显然已经逐渐形成了较稳定的扶贫资金投入机制；2000~2006年，扶贫资金投入略有起伏，但波动不大，扶贫资金的总量一直维持在较高的水平；2007~2009年，扶贫资金投入有突破性的增长，2007年为9.8亿元、2008年为18.7亿元、2009年为26.69亿元，年均增长率达到了65.03%。

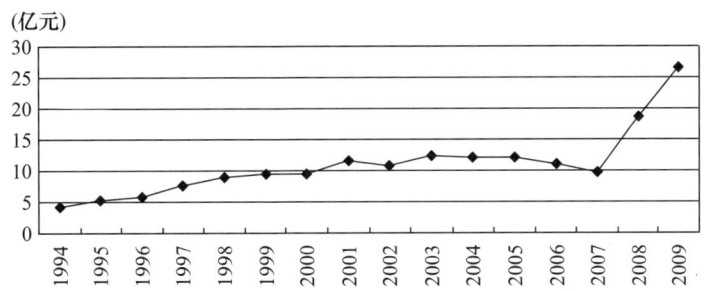

图7-1 新疆贫困地区扶贫资金变化趋势

从总量变化情况来看，三项扶贫资金的总量基本呈现上升趋势，如图7-2所示。其中，信贷扶贫资金的上升速度最明显，由1994年的0.936亿元上升到2009年的13.92亿元，年均增长率达到了19.7%，尤其是2006年以后年均增长率更是达到了极高的72.8%；以工代赈投入变化较缓慢，16年来年均增长率为9%，且投入的绝对数量在三项扶贫资金中最小，1994年仅为0.48亿元，2009年也只有1.76亿元；财政扶贫资金变化趋势最平缓，1994年为近2亿元，2009年上升到了5.672亿元，年均增长率仅为7.6%，绝对投入量在1994~1996年是三种投入形式中最高的扶贫资金形式，随后基本上介于中间水平。

从结构变化情况来看，大致上财政扶贫资金的比例在下降、信贷扶贫资金的比例在上升、以工代赈资金比例起伏较多，如图7-3所示。三项扶贫资金中，1994~1996年，占比例最高的是财政扶贫资金，其次是信贷扶贫资金，最低的

---

① 历年《新疆年鉴》和《新疆通志——扶贫开发志》。

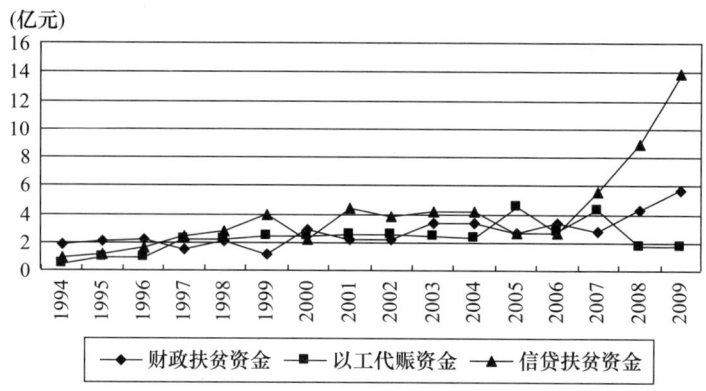

图 7-2 三项扶贫资金的总量变化

是以工代赈；1997~1999 年，占比例最高的是信贷扶贫资金，其次是以工代赈和财政扶贫资金；2000~2007 年，各自所占的比例交互上升，总体来说，信贷扶贫资金所占的平均比例要高一些；2007 年以后，进入快速变化期，信贷扶贫资金的比例迅速上升，财政扶贫资金的比例也有较大幅度的上升，以工代赈的比例加速下降，到 2009 年信贷扶贫资金占的比例为 65%、财政扶贫资金占 27%、以工代赈仅占 8%。

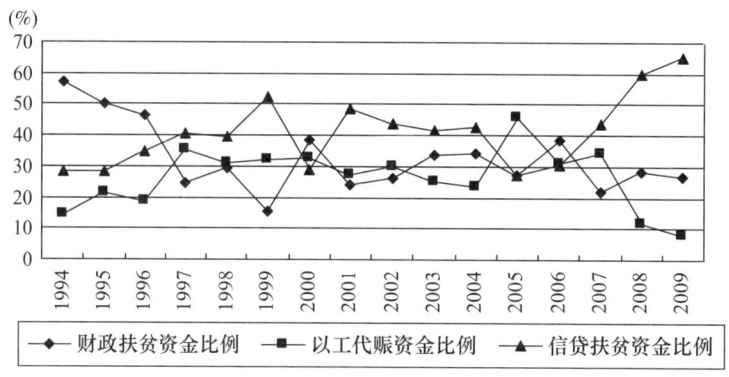

图 7-3 三项扶贫资金的结构变化

（二）扶贫资金的投向结构

扶贫资金的投向是按扶贫项目划分的实际扶贫投资，大体包括三类项目：生产项目、基建项目、培训及教育项目。生产项目又可以进一步按照投向的行业划分为种植业、林业、养殖业、农产品加工业和其他生产行业；基建项目可以划分为修建基本农田、人畜饮水工程、修建及改建公路、电力设施、电视接收设施、学校及学校设施、卫生室及设施；培训及教育项目包括技术培训和扫盲、资助儿童入学等。此外，还包括退耕还林还草、商业、饮食业、服务业等其他行业的投入。按照相关规定，三项扶贫资金的80%应该投向扶贫开发重点县、20%投向非重点县。

我们对2009年新疆扶贫资金投向的构成进行了详细考察。仅从三个项目投向来看，投在生产项目的扶贫资金额最大，30个重点县中生产项目的投入比例达到了39%，南疆贫困县的投入比例为37%，北疆贫困县的投入比例更是达到了43%；其次是基建项目的投入，全疆比例为20%、南疆为24%、北疆为13%；投入比例最小的项目是培训及教育项目，全疆、南疆和北疆的投入比例依次为1%、2%、0.1%。从行业角度来看，无论是南疆还是北疆，投入比重排在前三位的行业分别是种植业、养殖业和修建基本农田。

表7-1　2009年新疆贫困地区扶贫资金投向　　　　　单位：万元

项目	重点县	南疆	北疆
一、生产项目	2341.53	1319.82	1021.71
1. 种植业	1283.72	536.29	747.43
2. 林业	166.20	166.20	0
3. 养殖业	661.68	463.20	198.48
4. 农产品加工业	34.00	34.00	0.00
5. 其他生产行业	195.93	120.13	75.80
二、基建项目	1170.77	848.47	322.30
6. 修建基本农田	501.20	280.40	220.80
7. 人畜饮水工程	268.40	195.90	72.50
8. 修建及改建公路	69.70	59.20	10.50
9. 电力设施	53.10	44.60	8.50
10. 电视接收设施	62.27	62.27	0
11. 学校及学校设施	79.80	79.80	0
12. 卫生室及设施	136.30	126.30	10

续表

项目	重点县	南疆	北疆
三、培训及教育项目	72.80	70.10	2.70
13. 技术培训	45.80	43.10	2.70
14. 扫盲、资助儿童入学	27.00	27.00	0
四、其他	2376.50	1320.15	1056.35
扶贫投资总额	5961.60	3558.54	2403.06

资料来源：根据《新疆调查年鉴》（2010）数据整理。

投向结构的结果基本与新疆实际情况相吻合。共性是：新疆贫困地区，无论是南疆还是北疆，扶贫资金投入比重最高的都是投入效果好、见效快的生产类项目，其中又以种植业等传统农业项目为主，这与新疆贫困地区主要以农业生产的现实情况密切相关；基建项目的投入比例也相对较高，对应于新疆贫困地区基础设施建设普遍落后的实际情况。异性是：地区发展间存在差异，北疆各方面的基础条件显然要优于南疆，所以北疆用于生产项目的投入比例就会相对更高，而用于基础设施建设方面的投入则较少；南疆有所不同，虽然南疆在生产项目中也有较高的投入比重，但是南疆必须提供更高的投入比重用于基础设施建设，为发展创造基本条件。此外，南北疆在培训及教育项目方面的投入都较小，主要是由于相比于其他项目，这类项目本身不需要大的投入量，而南北疆投入比例的差异，也主要是由于南北疆在人口素质、教育水平等方面存在差距所造成的。

二、资金投向与农牧民收入的灰色关联分析

本节进一步通过研究扶贫资金不同投向对新疆贫困地区农牧民收入的影响，来探究不同行业的扶贫绩效。以往研究多个变量对某一因素的影响多用回归分析、方差分析及主成分分析等。这些方法存在下列不足：一是需要大量数据，数据少就无法说明问题；二是要求样本服从某个典型的概率分布，同时数据间应呈线性关系且各变量间相互独立，这种要求现实中很难满足；三是计算量大，需要计算机软件辅助；四是经常出现计量结果与现实情况不符的现象，导致计量结果

无法解释甚至是谬论。由于本节所研究时间段的数据有限,扶贫资金投向的数据仅从 2005~2009 年(数据来源于 2006 年、2007 年及 2010 年的《新疆调查年鉴》、《改革开放三十年——新疆城乡人民生活》和《新中国六十年——新疆人民生活》)。而且,现有数据灰度较大,再加上人为因素和政策因素,许多数据出现几次大起大落,没有典型的分布规律。因此,采用回归等方法显然难以奏效。

(一) 计算方法

灰色关联分析方法则避免了采用上述方法所导致的问题。它是根据序列曲线几何形状的相似程度来判断其联系的紧密性。曲线越相近,相应序列间的关联度就越大;反之越小。对样本量的多少和样本规律性没有特殊要求[①]。简言之,灰色关联分析的意义是指在系统发展过程中,如果两个因素变化的态势是一致的,即同步变化程度较高,则可以认为两者关联度较大;反之,则两者关联度较小。因此,灰色关联分析对于一个系统发展变化态势提供了量化的度量,非常适合动态(Dynamic)的历程分析[②]。因此,本节决定运用灰色关联分析方法对扶贫资金不同投向与新疆贫困地区农牧民人均纯收入的关系进行研究。具体计算步骤如下:

1. 灰色绝对关联度

灰色绝对关联度测度的是序列 X_0 与 X_i 之间的关联程度,它只与 X_0 和 X_i 的几何形状有关,序列 X_0 与 X_i 几何上相似程度越大,灰色绝对关联度就越大,反之,灰色绝对关联度越小。

首先,将原始数据处理以消除量纲,并求其始点化像,即用所有时刻的变量都减去其第一时刻的值:

$$x_i^0(k) = x_i(k) - x_i(1) \qquad i = 0, 1, 2, \cdots, 8 \qquad (7-1)$$

其次,分别计算

$$|s_i| = \left| \sum_{k=2}^{n-1} x_i^0(k) + \frac{1}{2} x_i^0(n) \right| \qquad (7-2)$$

$$|s_i - s_0| = \left| \sum_{k=2}^{n-1} (x_i^0(k) - x_0^0(k)) + \frac{1}{2} (x_i^0(n) - x_0^0(n)) \right| \qquad (7-3)$$

---

① 刘思峰,郭天榜,党耀国. 灰色系统理论及其应用 [M]. 北京:科学出版社,2004:168.
② 资料来源:http://baike.baidu.com/view/1928988.htm.

最后，由

$$\varepsilon_{0i} = \frac{1 + |s_0| + |s_i|}{1 + |s_0| + |s_i| + |s_i - s_0|} \quad (7-4)$$

计算得出绝对关联度。

2. 灰色相对关联度

灰色相对关联度考察的是序列 X_0 与 X_i 相对于始点的变化速率之间的联系，X_0 与 X_i 的变化速率越接近，灰色相对关联度就越大，反之就越小。

首先，数据无量纲化，采用初值化处理，即所有时刻的变量除以其第一时刻的值：

$$x'_i(k) = x_i(k) / x_i(1) \quad i = 0, 1, 2, \cdots, 8 \quad (7-5)$$

其次，分别计算

$$|s_i'| = \left| \sum_{k=2}^{n-1} x_i^{0'}(k) + \frac{x_i^{'0}(n)}{2} \right| \quad (7-6)$$

$$|s_i' - s_0'| = \left| \sum_{k=2}^{n-1} (x_i^{0'}(k) - x_0^{0'}(k)) + \frac{x_i^{0'}(n) - x_0^{0'}(n)}{2} \right| \quad (7-7)$$

最后，由

$$\phi_{0i} = \frac{1 + |s_0'| + |s_i'|}{1 + |s_0'| + |s_i'| + |s_i' - s_0'|} \quad (7-8)$$

计算得出相对关联度。

3. 灰色综合关联度

灰色综合关联度顾名思义，它既可以体现序列 X_0 与 X_i 的相似程度，又可以反映出序列 X_0 与 X_i 相对于始点的变化速率的相似程度，是较全面地表征序列间联系是否紧密的数量指标。

令 $\theta = 0.5$，由

$$\varphi_{0i} = \theta \varepsilon_{0i} + (1 - \theta) \phi_{0i} \quad i = 1, 2, \cdots, 8 \quad (7-9)$$

计算得出综合关联度[1][2]。

---

[1] 武国亮. 经济增长影响因素的灰色关联分析——以甘肃省为例 [J]. 广东财经职业学院学报，2009，8（2）：85-88.

[2] 樊艳云，陈首丽. 北京产业结构调整与能源消费的灰色关联分析 [J]. 山西财经大学学报，2010，32（1）：92-93.

(二) 结论

从不同行业投入与新疆贫困地区农牧民收入的灰色关联度来看（见表7-2），排在前五名的分别是：修建基本农田、种植业、卫生室及设施、修建及改建公路、人畜饮水工程。也就是说，这5个行业的发展与农牧民收入水平的提高最相关。其中，尤以修建基本农田和种植业对农牧民收入的影响最大。这就充分说明，农业仍然是对新疆贫困地区发展最重要的产业。因此，如何利用好新疆可耕种面积大、自然环境优势、农业机械化水平高等因素发展现代化农业，成为解决新疆贫困问题的一大突破口。当然，为生产保驾护航的基础设施建设也非常重要，其投入为生产的发展提供了必要的基础条件，如修建公路、人畜饮水工程等。

表7-2 行业投向的灰色关联度

行业	绝对关联度	相对关联度	综合关联度	综合关联度排名
修建基本农田	0.934833	0.704764	0.819799	1
种植业	0.938068	0.684709	0.811389	2
卫生室及设施	0.503309	0.956095	0.729702	3
修建及改建公路	0.527958	0.855003	0.691480	4
人畜饮水工程	0.529215	0.795103	0.662159	5
其他生产行业	0.500588	0.755314	0.627951	6
技术培训	0.573216	0.653718	0.613467	7
养殖业	0.599788	0.612456	0.606122	8
电力设施	0.547174	0.629017	0.588095	9
农产品加工业	0.521090	0.641825	0.581458	10
电视接收设施	0.500555	0.626797	0.563676	11
扫盲、资助儿童入学	0.500581	0.584418	0.542500	12
林业	0.500519	0.566339	0.533429	13
学校及学校设施	0.500525	0.500275	0.500400	14

从不同项目与新疆贫困地区农牧民收入的灰色关联度来看（见表7-3），可以得到以下结论：第一，基建项目是影响农牧民收入的最重要因素。在前面的投向结构分析中，虽然它不是投入最多的，但是对新疆来说却是最重要的。新疆贫困地区普遍基础设施落后是一个不争的事实，成为制约地方发展最重要的"瓶

颈"。基础设施不仅是发展的基本条件，而且完善的基础设施建设会对地方发展产生推动和加速作用。实际上，基础设施建设推动生产发展，生产的发展又要求基础设施的进一步改善，这是一个良性循环过程。"厚积薄发"是基础设施建设的一个重要特点，它往往是通过积累和扩散产生作用，这就要求执政者具有长远眼光，不应仅追求眼前利益。第二，生产项目同样重要。生产项目的减贫增收作用毋庸置疑，它是最直接、最见效的扶贫形式。贫困农户绝大部分都是通过参与生产项目，获得收入，提高自己的收入水平，从而摆脱贫困的。所以，生产项目的使用和设置对新疆的扶贫开发至关重要。对生产项目的投入，应该符合该贫困地区的实际情况，充分考虑其自然、农产品结构、地区特色等现实条件，做到农户意愿和政府引导相结合，选择最适合该地区发展的生产项目，不应该盲目投入和跟风。第三，培训及教育项目的作用虽然在分地区时没有充分显现，但是当从新疆整体来考察时其作用得到了突出。培训及教育的作用也是间接的，需要一定的时间积累，它更关注对人自身能力的提高。在新疆贫困地区，培训基本上以农业领域的相关技能为主，教育水平也较低。虽然在这方面的工作还有很多地方需要完善，但是它却对新疆贫困地区的发展具有重要的长远影响。从数据反映的情况来看，有些年份该项内容有空白。政府应该在这方面持续进行投入，更重要的是在这个过程中不断提高培训及教育水平、丰富其内容。这项投入见效非常慢，这要求投入者必须抛开急功近利的心理。同时，这项投入实际上是解决贫困问题最重要的一环。如果贫困者自身能力提高了，具备了自我发展能力，意识和观念也随之改变，所有有关贫困的问题就都迎刃而解了。

表7-3 项目投向的灰色关联度

地区	灰色关联度	生产项目	基建项目	培训及教育项目
全疆贫困县	绝对关联度	0.582769	0.929862	0.563033
	相对关联度	0.633507	0.747941	0.689138
	综合关联度	0.608138	0.838901	0.626085
南疆贫困县	绝对关联度	0.716149	0.577389	0.500675
	相对关联度	0.672995	0.876771	0.529638
	综合关联度	0.694572	0.727080	0.515156
北疆贫困县	绝对关联度	0.777701	0.722183	0.546837
	相对关联度	0.633134	0.769277	0.628281
	综合关联度	0.705418	0.745730	0.587559

三、扶贫资金的扶贫效果评价

（一）基本统计分析

根据相关数据资料，可以将扶贫资金产生的效果分为以下七类：①当年参加过扶贫项目的村。以村为单位集中使用扶贫资金、开展扶贫项目是现在非常普遍的扶贫模式，如整村推进。②扶贫资金扶持的农户数。按行业可以分为种植业扶持户数、林业扶持户数、养殖业扶持户数、农产品加工业扶持户数、人畜饮水工程受益户数、其他生产行业扶持户数。③改造土地情况，包括修建基本农田和退耕还林还草。④修建里程数，包括电力设施和修建及改建公路。⑤修建基础设施，包括电视接收设施、学校及学校设施、卫生室及设施。⑥技术培训与教育资助，包括技术培训人次和扫盲、资助儿童入学人次。⑦其他。2009 年新疆扶持情况如表 7-4 所示。

表 7-4 2009 年新疆贫困地区扶贫成果

	全疆贫困地区	南疆贫困地区	北疆贫困地区
一、当年参加过扶贫项目的村（个）	184	144	40
二、扶持户数（户）	11515	8234	3281
1. 种植业（户）	4043	1909	2134
2. 林业（户）	1775	1775	0
3. 养殖业（户）	1521	1179	342
4. 农产品加工业（户）	251	251	0
5. 其他生产行业（户）	1073	1004	69
6. 人畜饮水工程（户）	2852	2116	736
三、改造土地（亩）	25515.1	4594.8	20920.3
7. 修建基本农田（亩）	7096	2596	4500
8. 退耕还林还草（亩）	18419.1	1998.8	16420.3
四、修建里程（公里）	218	74	144
9. 修建及改建公路（公里）	83	41	42

续表

	全疆贫困地区	南疆贫困地区	北疆贫困地区
10. 电力设施（公里）	135	33	102
五、修建基础设施（个）	268	262	6
11. 电视接收设施（个）	107	107	0
12. 学校及学校设施（个）	27	27	0
13. 卫生室及设施（个）	134	128	6
六、技术培训与教育资助（人次）	5157	1036	4121
14. 技术培训（人次）	5015	894	4121
15. 扫盲、资助儿童入学（人次）	142	142	0
七、其他	17687.6	2377.6	15310

资料来源：根据《新疆调查年鉴》（2010）数据整理。

从2009年南北疆扶持情况对比来看，南疆在扶持村数、扶持户数、修建基础设施数上具有明显的优势；而北疆在改造土地、修建里程、技术培训与教育资助及其他方面具有优势。扶持成果和数量的不同同样反映出南北疆间的区域差异。扶持村数和扶持户数的不同实际上反映了新疆贫困地区和贫困人口的地域分布情况，70%的贫困县和95%的贫困人口全部分布在南疆地区，自然该区域是新疆扶贫开发的重中之重；修建基础设施数量上的不同表明了南北疆区域发展基础条件的巨大差距；北疆在土地改造、教育培训方面更加积极则说明其较南疆处于更高的发展阶段，更加重视对发展软环境的建设。这种对比关系如图7-4所示。

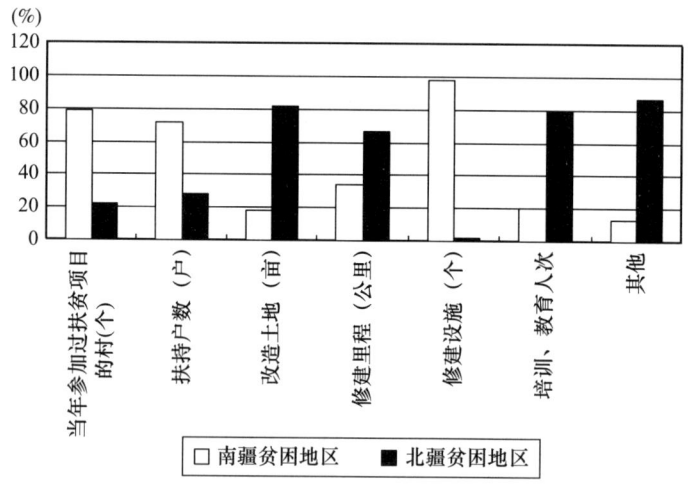

图7-4 南、北疆扶贫项目对比

第七章 新疆贫困地区扶贫资金的投向结构与使用效果

从《新疆调查年鉴》、《改革开放三十年——新疆城乡人民生活》和《新中国六十年——新疆人民生活》三种资料中可以获得连续5年新疆扶贫成果的数据。将其按照南北疆区分开来,并将各种扶贫类型取得的成果占全疆的比例绘制成曲线图。通过观察各自区域扶贫成果所占比例的变化趋势,从中也可以发现一些规律。

从南疆情况来看(见图7-5),扶持贫困村的个数一直维持在比较高的水平上,并且波动不大,占全疆扶持总数的比例维持在70%以上;扶持贫困户数有所波动,尤其是2006年占全疆扶持比例下降到50%以下,之后水平有所回升,到2009年南疆扶贫贫困户的数据占全疆的比例为72%;改造土地的趋势变化也具有较大的波动性,但是整体比例不高,最高时2006年为44%,最低时2008年为4%,2009年为18%;修建里程方面所占比例逐年下降,尤其是近两年下降速度明显加快,2005年时比例可达94%,2009年仅为34%,这可能与南疆贫困地区通电、通路基本实现有关;修建基础设施的个数一直占绝大多数比例,都达到了80%以上,后两年更是达到了97%以上,数量上的绝对优势正说明南疆在基础设施建设方面的落后;培训教育方面有所波动,最高时能达到90%,最低时仅有7%,2009年的水平为20%。

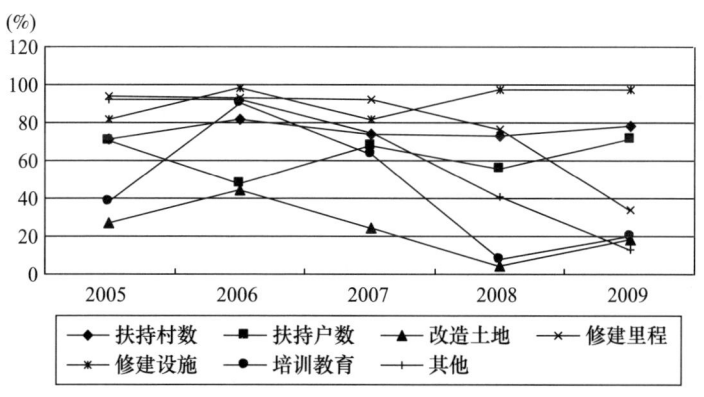

图7-5 南疆扶贫成果数量比例变化趋势

从北疆情况来看(见图7-6),扶持贫困村的个数一直比较稳定,波动不大,占全疆扶持总数的比例维持在20%左右。2009年为22%;扶持贫困户数小有波动,最高时超过了总数的一半,为2006年的53%,到2009年则下降为

28%；改造土地比例水平整体较高，但波动性也较大，最高时 2008 年为 96%，最低时 2006 年为 57%，2009 年为 82%；修建里程方面北疆起初比例极低，不超过 10%，随后逐年上升，2009 年比例更是达到了 66%，这与北疆持续发展后对基础设施条件的进一步诉求有关；在修建基础设施建设方面，由于北疆历史条件明显优于南疆，可以基本满足当前的发展需要，所以后期发展水平比较缓慢，所占比例一直不高，2009 年仅为 2%；培训教育方面波动比较明显，但基本呈上升趋势，最低时低于 10%，最高时达到 93%，2009 年的水平为 87%，这与北疆贫困地区愈加重视对贫困农户自身能力培养有关。

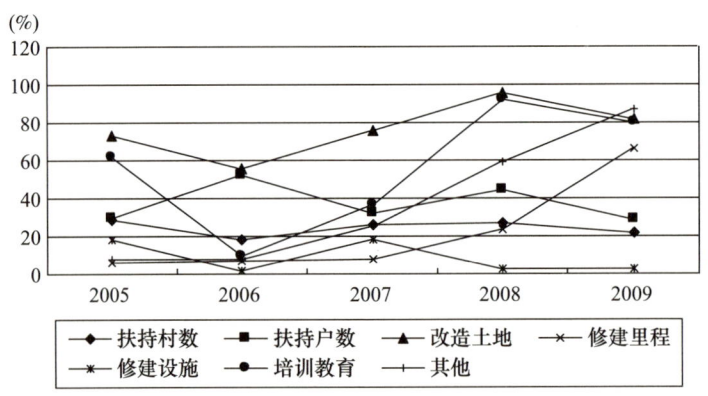

图 7-6　北疆扶贫成果数量比例变化趋势

（二）扶贫资金动态扶贫效果的实证研究

有关新疆农村贫困程度和扶贫资金绩效的研究非常少，基本处于浅层次的探讨阶段。郭晖等（2004）以新疆扶贫资金为例，分析了其在经济效益、社会效益、生态效益等方面以工代赈工作所取得的成效；李万明、王太祥、胡宜挺（2005）以新疆生产建设兵团边境团场为例，对国家近年来对兵团边境贫困农场的投入情况和兵团边境贫困农场扶贫成绩作了客观的评价。赵珍、石延玲（2006）通过对新疆扶贫资金及其具体投向对农业总产值、农村贫困人口和农民人均纯收入的回归分析，来考察新疆扶贫资金使用的绩效。但关于扶贫资金对这 3 个贫困指标以及农户收入影响的文献很有限，关于每类扶贫资金对三个贫困指标和农牧民收入的作用差异有待进一步研究。在第三章中，我们已经运用 FGT

贫困指数测算了新疆1995~2000年的贫困发生率、贫困深度与贫困强度。本节主要运用时变参数状态空间模型来研究三项扶贫资金的动态扶贫效果。

1. 模型的设定

三项扶贫资金的总量变化和结构变化并不是随机的，它受到来自经济改革、结构调整、政策变化等因素的影响，其扶贫效果也势必受到这种外界冲击，使得各年的情况不尽相同。以往采用回归方法研究这类问题时，无论是普通最小二乘法、工具变量法还是其他回归方法，产生的参数在样本区间内都是固定的，无法反映外界冲击所带来的时变影响和动态变化。基于此，本节将采用时变参数状态空间模型来研究三项扶贫资金的动态扶贫效果。时变参数状态空间模型的一般表示形式如下：

量测方程为：

$$y_t = \alpha z_t + \beta_t x_t + \mu_t \qquad (7-10)$$

状态方程为：

$$\beta_t = \theta \beta_{t-1} + \varepsilon_t \qquad (7-11)$$

$$(\mu_t, \varepsilon_t)' \sim N\left(\begin{pmatrix}0\\0\end{pmatrix}, \begin{pmatrix}\sigma^2 & 0\\0 & R\end{pmatrix}\right), \quad t = 1, 2, \cdots, T \qquad (7-12)$$

量测方程中 x_t 是具有随机系数 β_t 的解释变量集合，z_t 是具有固定系数 α 的解释变量集合。状态方程是假定参数 β_t 的变动服从于AR（1）模型（可扩展为AR（p）模型）。其中，β_t 是状态向量，又称为可变参数，是不可观测变量，必须利用可观测变量 y_t 和 x_t 来估计。此外，假定量测方程和状态方程各自的扰动向量 μ_t 和 ε_t 是相互独立的，服从均值为0、方差为 σ^2、协方差矩阵为 R 的正态分布①②③。

为了深入研究三项扶贫资金各自在不同时点的动态扶贫效果。选择贫困广度、贫困深度、贫困强度以及贫困地区农牧民人均纯收入分别作为被解释变量，而财政扶贫资金、以工代赈资金、信贷扶贫资金作为量测方程的解释变量，并且取各变量的对数形式。设定的状态空间模型具体形式如下：

量测方程为：

---

① Harry. Foresting Structural Time Series Models and the Kalman Filter [M]. New York: Cambridge University Press, 1999.
② Hamilton. Time Series Analysis [M]. New Jersey: Princeton University Press, 1994.
③ 高铁梅. 计量经济分析方法与建模: EVIEWS应用及实例 [M]. 北京: 清华大学出版社, 2006.

$$\ln y_t = c + \eta_t \ln(\text{fed}_t) + \lambda_t \ln(\text{lab}_t) + \omega_t \ln(\text{cre}_t) + \mu_t \quad (7-13)$$

状态方程为：

$$\eta_t = \gamma_1 \eta_{t-1} + \varepsilon_t \quad (7-14)$$

$$\lambda_t = \gamma_2 \lambda_{t-1} + \xi_t \quad (7-15)$$

$$\omega_t = \gamma_3 \omega_{t-1} + \zeta_t \quad (7-16)$$

其中，y_t 代表了四个被解释变量，分别是贫困广度（H）、贫困深度（PG）、贫困强度（SPG）以及贫困地区农牧民人均纯收入（inc）；解释变量中 fed 表示财政扶贫资金、lab 表示以工代赈资金、cre 表示信贷扶贫资金；η_t、λ_t、ω_t 分别表示各解释变量的时变参数序列，并假设可变参数服从 AR（1）模型；μ_t、ε_t、ξ_t、ζ_t 为扰动向量。

2. 数据来源与单位根检验

本书所采用的数据来源于《新疆年鉴》和《新疆通志——扶贫开发志》，时间序列仍然是从1994年的国家八七扶贫攻坚计划实施至今。正式计量前，仍然需要对各变量之间的协整关系进行检验，以防止伪回归现象的出现，采取的方法还是 ADF 单位根检验。由于贫困广度、贫困深度、贫困强度以及贫困地区农牧民人均纯收入4个序列在之前的研究中已经验证为一阶单整序列，所以在这仅对财政扶贫资金、以工代赈资金和信贷扶贫资金3个序列进行检验，以保证模型的平稳性和有效性。

表7-5的检验结果显示，三项扶贫资金序列都在5%的置信水平下拒绝原假设，所以它们也都是一阶单整序列，从而保证了变量间协整关系的存在。

表7-5 ADF单位根检验

变量	检验形式（C, T, L）	ADF值	概率值（p值）	结论
Lnfed	(C, T, 3)	0.0425	0.9478	YES
ΔLnfed	(C, T, 3)	-7.3307	0.0002	NO
Lnlab	(C, T, 3)	-2.2804	0.4181	YES
ΔLnlab	(C, T, 3)	-7.7061	0.0001	NO
Lncre	(C, T, 3)	-1.9270	0.5915	YES
ΔLncre	(C, T, 3)	-3.8393	0.0464	NO

3. 回归结果分析

下面分别取贫困广度、贫困深度、贫困强度和农牧民人均纯收入作为被解释变量,三项扶贫资金为解释变量,利用卡尔曼滤波(Kalman Filtering)算法得到状态空间模型的估计结果,其中每一个数值代表着该变量对相应因变量该年度的具体影响(见表7-6)。

表7-6 状态空间模型的估计结果

年份	贫困广度(H)			贫困深度(PG)			贫困强度(SPG)			贫困地区农牧民人均收入(inc)		
	fed	lab	cre	fed	lab	cre	fed	lab	cre	fed	lab	cre
1995	-0.30	0.34	0.03	-0.29	0.33	0.03	-0.13	0.14	0.01	0.23	-0.27	-0.02
1996	0.07	0.65	0.24	0.40	0.89	0.42	0.82	0.92	0.55	0.67	0.10	0.22
1997	0.74	1.44	-2.11	1.02	1.63	-1.77	1.29	1.48	-1.11	0.66	0.08	0.28
1998	0.75	1.44	-2.15	1.19	1.66	-2.40	1.59	1.53	-2.21	0.62	0.07	0.40
1999	0.70	1.37	-2.12	1.01	1.42	-2.29	1.27	1.11	-2.02	0.56	-0.01	0.44
2000	-0.22	0.34	-0.65	-0.04	0.23	-0.59	0.21	-0.09	-0.31	0.60	0.03	0.38
2001	-0.35	0.16	-0.48	-0.32	-0.14	-0.26	-0.18	-0.61	0.17	0.50	-0.10	0.50
2002	-0.35	0.16	-0.48	-0.30	-0.09	-0.35	-0.14	-0.50	-0.06	0.51	-0.07	0.42
2003	-0.36	0.16	-0.50	-0.31	-0.11	-0.38	-0.16	-0.52	-0.11	0.52	-0.07	0.43
2004	-0.35	0.16	-0.50	-0.34	-0.11	-0.39	-0.24	-0.54	-0.11	0.50	-0.07	0.43
2005	-0.38	0.17	-0.52	-0.41	-0.07	-0.44	-0.35	-0.47	-0.21	0.51	-0.07	0.43
2006	-0.55	-0.23	-0.16	-0.54	-0.38	-0.16	-0.38	-0.54	-0.14	0.62	0.19	0.20
2007	-0.63	-0.29	-0.08	-0.56	-0.40	-0.15	-0.30	-0.48	-0.22	0.68	0.24	0.14
2008	-0.61	-0.32	-0.11	-0.57	-0.38	-0.13	-0.35	-0.41	-0.16	0.66	0.27	0.16
2009	-0.61	-0.28	-0.15	-0.59	-0.54	0.03	-0.42	-0.87	0.34	0.65	0.17	0.26

用Eviews 6.0的绘图功能,将变系数状态空间模型的估计结果绘制成曲线图,将更有助于直观地观察不同传递资金对各因变量影响的动态变化。

(1)财政扶贫、以工代赈、信贷扶贫对贫困广度弹性影响的动态变化(见图7-7)。财政扶贫资金的弹性系数 η_t、以工代赈的弹性系数 λ_t、信贷资金的弹性系数 ω_t 都存在较大的波动性。其中,财政扶贫资金弹性系数 η_t 和以工代赈弹性系数 λ_t 的变化趋势十分相似,但是影响程度各有不同。财政扶贫资金的扶贫效果从2000年才开始显现,弹性系数分布最广的区间为 -0.4 ~ -0.3,2007年出现了最高值 -0.63;以工代赈扶贫效果出现得更晚,到2006年后才出现,弹性系数分布最广的区间位于 0~0.25，最强的减贫效果出现在 2008 年，为 -0.32；信贷扶贫资金弹性系数的变化趋势与前两者差距较大，1997~1999 年具有极强的减贫效果，最高达到 -2.15，随后减贫效果迅速回落，弹性系数分布最广的区间位于 -0.5~0。

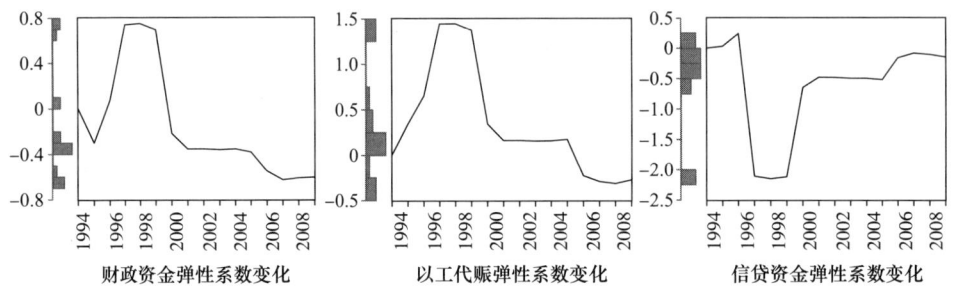

图 7-7　财政扶贫、以工代赈、信贷扶贫对贫困广度弹性影响的动态变化

（2）财政扶贫、以工代赈、信贷扶贫对贫困深度弹性影响的动态变化（见图 7-8）。三项扶贫资金弹性系数波动性较大。从 2000 年开始财政扶贫资金具有连续降低贫困深度的扶贫效果，最高时出现在 2009 年，为 -0.59，其弹性系数分布最广的区间是 -0.5~-0.25，有继续下降的趋势；以工代赈开始降低贫困深度是从 2001 年开始的，最好的表现出现在 2009 年，弹性系数为 -0.54，而弹性系数分布最广的区间位于 -0.25~0，并且也具有较明显的下降趋势；信贷扶贫资金在降低贫困深度方面综合表现最突出，最大值达到了 -2.4，分布最广的区间是 -0.5~0，但是最近效果却明显弱化，2009 年甚至出现了正影响。

（3）财政扶贫、以工代赈、信贷扶贫对贫困强度弹性影响的动态变化（见图 7-9）。同样，三项扶贫资金的弹性系数也都具有较大的波动性。财政扶贫资金具有连续扶贫效果出现在 2000 年以后，并且还有进一步加强的趋势，最优的表现为 2009 年的 -0.42，弹性系数分布最广的区间为 -0.5~0；以工代赈在降低贫困强度方面的表现越加突出，2009 年弹性系数达到了 -0.87，要优于其他两项资金的表现，弹性系数集中分布在 -0.75~-0.5，并且还有进一步下降的趋势；信贷扶贫资金在降低贫困强度上的表现同样经历了先有效后逐渐失效的过程，2009 年同样出现了正影响，弹性系数分布最广的区间是 -0.5~0，最好的表现出现在 1998 年，为 -2.21。

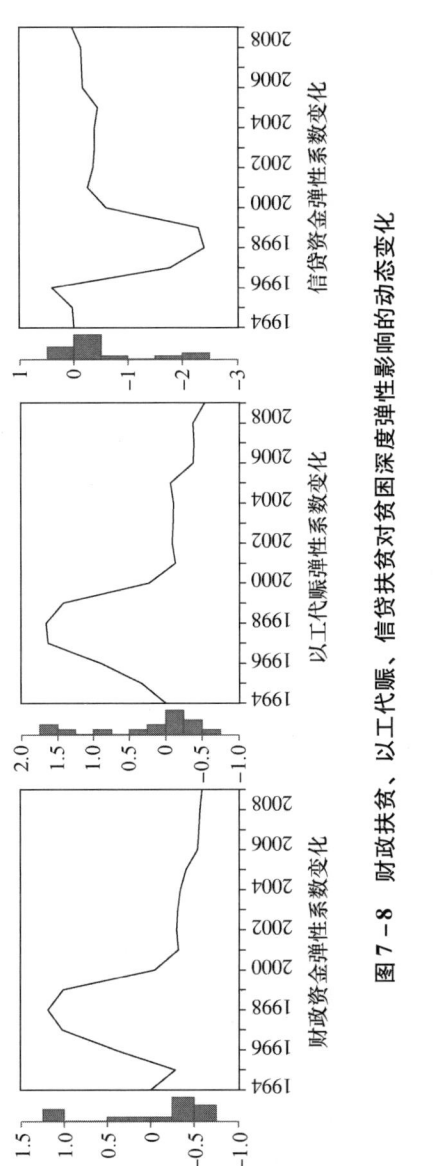

图7-8 财政扶贫、以工代赈、信贷扶贫对贫困深度弹性影响的动态变化

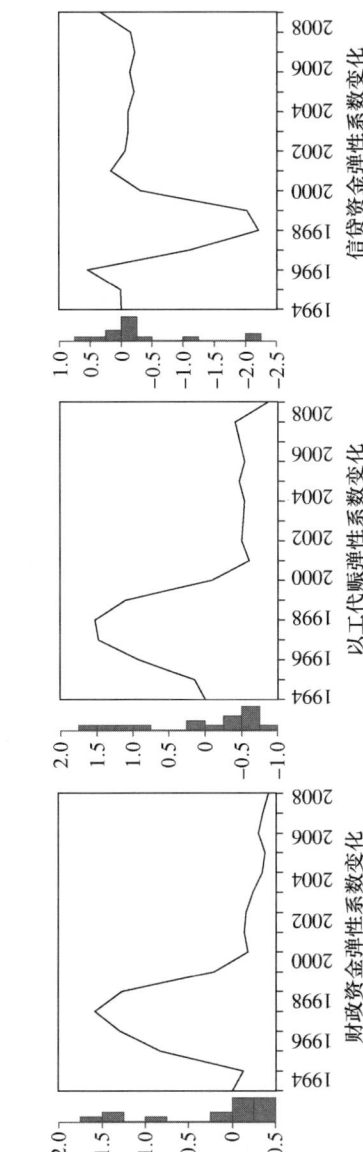

图7-9 财政扶贫、以工代赈、信贷扶贫对贫困强度弹性影响的动态变化

(4) 财政扶贫、以工代赈、信贷扶贫对贫困农牧民收入影响的动态变化（见图 7-10）。财政扶贫资金的弹性系数 η_t 动态变化相对平缓，以工代赈的弹性系数 λ_t 和信贷资金的弹性系数 ω_t 都存在较大的波动性。其中，财政扶贫资金对贫困地区农牧民的增收效果最明显，1994~2009 年都为正效应，弹性系数分布最广的区间为 0.6~0.7，2007 年出现了最高值 0.68，意味着这一年财政扶贫资金投入每提高 1%，农牧民的收入就会增长 0.68%，以上结果说明财政扶贫资金对贫困地区农牧民收入增长具有较强的拉动作用；以工代赈扶弹性系数的波动性最强，有些年份甚至连续出现对农牧民收入增长的负影响，弹性系数分布最广的区间位于 -0.1~0.1，其正弹性系数最大为 2008 年的 0.27，可见以工代赈的增收作用并不理想；信贷扶贫资金弹性系数虽然波动性较强，但基本都属于正效应，只有 1995 年有微弱的负影响，弹性系数分布最广的区间位于 0.4~0.45，最高达到 0.44，可见信贷扶贫资金也具有一定的增收作用。

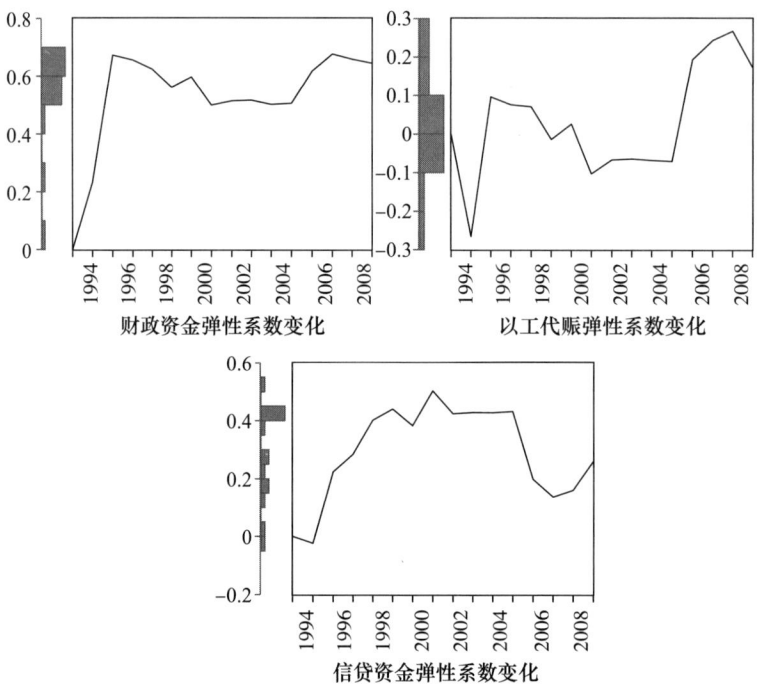

图 7-10 财政扶贫、以工代赈、信贷扶贫对贫困农牧民收入影响的动态变化

第七章 新疆贫困地区扶贫资金的投向结构与使用效果

从以上估计结果来看，三项扶贫资金基本上可以实现减贫增收的扶贫效果。对于不同扶贫资金扶贫效果的强弱以及出现的波动性，与三项扶贫资金的使用原则、方式以及新疆贫困地区贫困情况的自身变化密切相关。

财政扶贫资金主要用来改善贫困地区的生产生活条件，如兴修水利、修筑道路、普及教育等，会惠及贫困地区的所有农户，也就是说，贫困农户和非贫困农户都能够从财政扶贫资金的投入中获得利益。所以，财政扶贫资金的作用往往具有很强的广泛性和扩散性，无论是对降低贫困程度还是农牧民增收都具有一定的作用。如果出现问题，有可能是由于提供公共物品时有失公平，尤其是最贫困农户没有能力或者机会从中受益，这将会加大新疆贫困地区的贫困强度。这一点必须引起足够的重视。

以工代赈，从制度设置的对象和目的来看，仅针对于贫困地区的贫困农户，其目的是满足贫困农户基本的物质需要。从中可以看出，增收或者缩小差距并不是以工代赈最主要的扶贫目的。所以，从效果上看，以工代赈的扶贫效果"最差"。但是，以工代赈却具有较好的自我甄别功能，能够准确地找到目标群体，资金漏出现象较少，可以有效地弥补其他两种资金形式的不足。而且，以工代赈的作用明显加强。从这一点上来看，作为具有特定扶贫目标的一种资金形式，以工代赈有其存在的必要。可以预见，随着大面积贫困问题的解决，扶贫开发中具有较高瞄准精度的扶贫形式的作用将会愈加突出。

信贷扶贫资金的扶贫效果是最好的。信贷资金发放给贫困农户后，按照使用原则将被用于效益较好的种植业、林果业、养殖业以及当地具有较好发展前景的农产品加工项目。所以，它不仅可以有效降低贫困，还可以促进贫困地区农牧民增收，缩小收入差距。这也是新疆近年来大幅度增加信贷扶贫资金的原因。当然，信贷扶贫资金这种传递方式也有其不足。最大的问题就是存在资金漏出和瞄准精度不高等问题。部分补贴贷款被错误地发放给了村里收入中等或者高收入者等非贫困人口。获得贷款的非贫困人口得到了进一步的发展，而真正的贫困人口却并没有得到实惠。从经济学角度分析，很有可能是信贷扶贫资金的发放者或执行者逐利的理性行为造成的。信贷扶贫资金不同于其他两项传递资金，它并不是完全意义上的公共品供给，其具有营利性质。发放者或执行者往往更愿意将补贴贷款发放给具有一定的劳动技能、勤劳、扶贫项目操作能力强、意识和觉悟较高的农户，以保证款项的顺利回收。而这些特点往往是真正的贫困农户不具备的。在理想的选择下，部分信贷扶贫资金漏出给了非贫困农户，最终影响了其扶贫效

· 111 ·

果。在贫困人口内部，信贷资金也愿意投放给条件好的贫困农户；而真正最贫穷的农户一是由于"被理性地筛选掉"，二是信贷资金具有还款压力，再考虑劳动成本等因素，对真正最贫困的人口来说难以承担，其机会成本过高，他们更愿意领取低保救济，过"懒散惬意"的生活。尤其是2006年以后，信贷扶贫资金的各项作用明显减弱，有可能出现了上述现象，必须引起足够的重视。

总之，财政扶贫资金、以工代赈、信贷扶贫资金是三种完全不同的扶贫资金传递模式。从扶贫效果角度考虑往往会存在以下规律：当贫困程度较深时，具有广泛性和扩散性的信贷扶贫资金和财政扶贫资金更有效；当由大范围贫困转为少数人贫困时，尤其是对最贫困的农户而言，具有较强针对性的以工代赈较有效。信贷扶贫资金的整体表现最佳，财政扶贫资金投入对农牧民增收最有效，以工代赈资金则在降低贫困强度方面表现较好。结合新疆实际，笔者认为，南疆贫困地区贫困程度深，且集中连片，应充分发挥财政扶贫资金和信贷扶贫资金的作用，而北疆贫困地区相对分散，贫困人口已呈现点状分布趋势，应注意以工代赈扶贫资金的使用。当然也不能一概而论，还是要结合具体贫困地区的实际情况，对三项扶贫资金灵活使用，以期发挥各自的最大功效。可见，三项扶贫资金在其各自的制度设置下，它们各有侧重、各有优势。同时，三者又相互补充，弥补彼此的不足，共同为新疆贫困地区的扶贫开发事业做出贡献。

四、扶贫投入与产出的效率分析

实际上扶贫资金按不同去向投入后，可以产生一系列的连带效果，如贫困程度的降低、农牧民收入的增加等。然而，这些都属于扶贫资金作用后的间接效果，其直接效果应该是帮扶了多少个贫困村、实施了多少个扶贫项目、建成了多少个基础设施等。因此，本节仅对直接扶贫效果展开研究，采用数据包络分析（DEA）重点考察扶贫资金投入的效率问题。

扶贫成果可以认为是扶贫资金投入的产出，那必然存在扶贫资金投入与扶贫产出之间的效率问题。评价扶贫投入与产出的效率问题，可选用类似数据包络分析（DEA）的线性规划和Malmquist TFP指数来测度它们之间的关系。数据包络分析（Data Envelopment Analysis，DEA）最早是由运筹学家Charnes和Cooper等发展并建立起来的一种崭新的效率评价方法①。其核心思想是将一个经济系统或者一个生产过程看作一个单元，研究其在一定范围内通过投入生产要素产出产品的活动。由于这种方法能够消除主观判断所带来的影响，更能反映现实情况，使其在评价有效生产前沿方面得到了广泛的应用。

本节研究所采用的数据是 2005～2009 年南北疆各自投入和产出数据形成的面板数据，来源于《新疆调查年鉴》、《改革开放三十年——新疆城乡人民生活》和《新中国六十年——新疆人民生活》。由于研究对象是面板数据，所以将采用数据包络分析的 Malmquist TFP 指数来进行效率评价。Malmquist TFP 指数的计算采用 Fare（1994）提出的定义式②，具体形式如下：

$$M_0(y_{t+1}, x_{t+1}, y_t, x_t) = \left[\frac{d_0^t(x_{t+1}, y_{t+1})}{d_0^t(x_t, y_t)} \times \frac{d_0^{t+1}(x_{t+1}, y_{t+1})}{d_0^{t+1}(x_t, y_t)}\right]^{\frac{1}{2}} \quad (7-17)$$

式中，y 代表产出；x 代表投入；(x_{t+1}, y_{t+1}) 和 (x_t, y_t) 分别表示 t+1 期和 t 期的投入产出向量，表示与生产点 (x_t, y_t) 相比较的生产点 (x_{t+1}, y_{t+1}) 的生产力，若该值大于 1，说明从 t 到 t+1 存在一个正的 TFP 增长，等于 1 则不变，小于 1 为负增长。为了计算式（7-17），还需计算四个线性规划，实际上是四个以技术为参照的距离函数，形式如下：

$$[d_0^t(x_t, y_t)]^{-1} = \max_{\phi, \lambda} \phi \quad (7-18)$$

$$st - \phi y_{it} + Y_t \lambda \geq 0$$

$$x_{it} - X_t \lambda \geq 0,$$

$$\lambda \geq 0$$

$$[d_0^{t+1}(x_{t+1}, y_{t+1})]^{-1} = \max_{\phi, \lambda} \phi \quad (7-19)$$

$$st - \phi y_{i,t+1} + Y_{t+1} \lambda \geq 0$$

$$x_{i,t+1} - X_{t+1} \lambda \geq 0,$$

$$\lambda \geq 0$$

$$[d_0^t(x_{t+1}, y_{t+1})]^{-1} = \max_{\phi, \lambda} \phi \quad (7-20)$$

---

① Charnes A, W W Cooper, E Rhodes. Measuring the Efficiency of Decision Making Units [J]. European Journal of Operations Research, 1978 (2): 429-444.

② Fare R, S Grosskopf, C A K Lovell. Production Frontiers [M]. Cambridge: Cambridge University Press, 1994.

$$st - \phi y_{i,t+1} + Y_t \lambda \geq 0$$

$$x_{i,t+1} - X_t \lambda \geq 0,$$

$$\lambda \geq 0$$

$$[d_0^{t+1}(x_t, y_t)]^{-1} = \max_{\phi, \lambda} \phi \qquad (7-21)$$

$$st - \phi y_{it} + Y_{t+1} \lambda \geq 0$$

$$x_{it} - X_{t+1} \lambda \geq 0,$$

$$\lambda \geq 0$$

Malmquist 指数可以分解为在规模报酬不变假定下的技术效率变动指数（Technical Efficiency Change，TEC）和技术变动指数（Technological Change，TC），分解过程如下：

$$M_c^{t,t+1}(y_{t+1}, x_{t+1}, y_t, x_t) = \frac{d_c^{t+1}(x_{t+1}, y_{t+1})}{d_c^t(x_t, y_t)} \left[\frac{d_c^t(x_{t+1}, y_{t+1})}{d_c^{t+1}(x_{t+1}, y_{t+1}|C)} \times \frac{d_c^t(x_t, y_t)}{d_c^{t+1}(x_t, y_t)} \right]^{\frac{1}{2}}$$

$$(7-22)$$

技术效率变动指数（TEC）还可以进一步分解为规模效率变动指数（Scale Efficiency Change，SEC）和纯技术效率变动指数（Pure Technical Efficiency Change，PTEC），即将式（7-22）转化为：

$$M_{v,c}^{t,t+1}(y_{t+1}, x_{t+1}, y_t, x_t)$$

$$= \frac{d_v^{t+1}(x_{t+1}, y_{t+1})}{d_v^t(x_t, y_t)} \times \left| \frac{d_v^t(x_t, y_t)}{d_c^t(x_t, y_t)} \Big/ \frac{d_v^{t+1}(x_{t+1}, y_{t+1})}{d_c^{t+1}(x_{t+1}, y_{t+1})} \right| \times \left[\frac{d_c^t(x_{t+1}, y_{t+1})}{d_c^{t+1}(x_{t+1}, y_{t+1}|C)} \times \frac{d_c^t(x_t, y_t)}{d_c^{t+1}(x_t, y_t)} \right]^{\frac{1}{2}}$$

$$= PTEC \times SEC \times TC$$

$$= TEC \times TC \qquad (7-23)$$

TFP 反映整体生产率水平，若大于 1 则意味着整体水平的提高，等于 1 则不变，小于 1 即认为生产率下降；TC 反映生产前沿面的移动，其数值代表该过程是否存在技术进步，又可称为前沿面移动效应或增长效应，大于 1 表明存在技术进步，等于 1 表明技术不变，小于 1 表明技术倒退；SEC 反映的是规模收益状态，大于 1 表示规模收益递增，等于 1 表示规模收益不变，小于 1 表示规模收益递减；PTEC 反映技术、规模不变的情况下，两个时期相对生产效率的变化，又可称为水平效应或追赶效应，大于 1 表明相对生产率提高，等于 1 意味着相对生产率不变，小于 1 则表示相对生产率退后。

在确定计算方法和具体步骤后，下面将选取投入和产出指标。对扶贫资金投向和扶贫成果的数据进行整理和分类后，投入指标包括生产项目投入、基础设施建设项目投入、培训及教育项目投入和其他投入 4 项指标；产出指标包括扶持贫困村数、扶持的贫困户数、改造土地面积、修建里程数、修建基础设施数量、培训及教育人数和其他成果 7 项指标。

然后，采用 DEAP2.1 软件对选定的投入和产出指标进行 Malmquist 指数分析，结果如表 7-7 和表 7-8 所示。

表 7-7　2005~2009 年度 Malmquist 指数变化及分解

年度	技术效率指数（TEC）	技术进步指数（TC）	纯技术效率指数（PTEC）	规模效率指数（SEC）	全要素生产率指数（TFP）
2005~2006	1.000	1.632	1.000	1.000	1.632
2006~2007	1.000	0.456	1.000	1.000	0.456
2007~2008	1.000	2.442	1.000	1.000	2.442
2008~2009	1.000	0.518	1.000	1.000	0.518

表 7-8　2005~2009 年新疆贫困地区 Malmquist 指数及其分解

地区	技术效率指数（TEC）	技术进步指数（TC）	纯技术效率指数（PTEC）	规模效率指数（SEC）	全要素生产率指数（TFP）
南疆贫困地区	1.000	0.844	1.000	1.000	0.844
北疆贫困地区	1.000	1.149	1.000	1.000	1.149
全疆贫困地区	1.000	0.985	1.000	1.000	0.985

注：全疆整体情况用南北疆 Malmquist 指数均值表示。

从年度 Malmquist 指数变化和分解情况来看，新疆扶贫效率具有较显著的波动性。2005~2006 年和 2007~2008 年这两个时期的全要素生产率都是大于 1 的，说明这两个时期的扶贫开发的整体效率是上升的，尤其是后一个阶段的上升幅度更加明显；2006~2007 年和 2008~2009 年这两个时期的扶贫效率呈下降趋势，全要素生产效率都小于 1。通过进一步观察发现，这个时间段内新疆扶贫效率的变化完全来源于技术进步所产生的增长效应，技术进步就会使整体效率提高，技术退步则导致整体效率降低。而技术效率以及其分解后的纯技术效率和规模效率都不变，也就是说，既没有产生促进作用，也不存在抑制作用。

从不同区域 Malmquist 指数和分解情况来看，扶贫效率的高低同样取决于技术进步的情况，纯技术效率和规模效率都不变，并没有对新疆扶贫开发的效率产生影响。南疆在这个时间段内的技术是退步的，所以导致整体扶贫效率降低；北疆则正好相反，技术进步提高了整体的扶贫效率。南疆扶贫低效和北疆扶贫有效的双重作用最终导致全疆扶贫开发效率较低，全要素生产效率为 0.985，小于 1。尽管如此，但是情况并不糟糕，完全可以通过采取更有效的扶贫手段和措施扭转这种局面，尤其是要提高南疆扶贫资金的使用效率，这样才能使新疆整体的扶贫效率达到较高的水平。

五、本章小结

本章首先分析了扶贫资金投入与投向的变动情况，采用灰色关联分析法分析了不同投向与农民收入的相关性，结果显示，扶贫资金投入到扶贫项目后，修建基本农田、种植业、卫生室及设施、修建及改建公路、人畜饮水工程与农牧民收入水平的提高最相关，此外，基建项目是影响农牧民收入的最重要因素。其次，基于状态空间模型对三项扶贫资金的动态扶贫绩效进行了评价，计量结果显示三项扶贫资金都有一定的减贫增收的作用，只是各自表现不尽相同，信贷扶贫资金的整体表现最佳，财政扶贫资金作用居中，以工代赈资金则在降低贫困强度方面表现较好。当贫困程度较深时，具有较强营利性的信贷扶贫资金和较强扩散性的财政扶贫资金更有效；当由大范围贫困转为少数人贫困时，具有较强针对性的以工代赈资金更有效。最后，通过数据包络分析发现，新疆扶贫效率具有较显著的波动性，来源于技术进步所产生的增长效应显著，北疆比南疆扶贫效果更好，但整体表现不佳；资金传递与使用效率不高；扶贫效果持续性差；南疆地区扶贫效率偏低。

第八章 新疆农村劳动力转移、产业化扶贫与整村推进模式的效果评价

中国经过 20 多年的努力，在扶贫开发工作中取得了举世瞩目的成就。但从根本上改变贫困地区社会经济落后状况，缩小地区差距仍是一项长期的历史任务。新疆政府根据扶贫形势的变化对农村扶贫政策进行了重大调整，新阶段农村扶贫开发确定了三个重点，即整村推进、产业化扶贫和贫困劳动力转移。具体是：以整村推进扶贫规划为切入点，改善贫困地区基本生产生活条件；以劳动力转移为切入点，提高贫困户的综合素质；以发展扶贫龙头企业、产业化扶贫为切入点，带动贫困地区调整产业结构，增加贫困户经济收入。整村推进、劳动力转移、产业化扶贫这三个重点工作之间的关系被喻为"一体两翼"，即整村推进犹如鸟身，劳动力转移和产业化扶贫犹如鸟的两翼。

一、农村劳动力转移与贫困的缓解

（一）问题的提出

劳动力转移能否增加家庭的收入及缓解贫困家庭的贫困，一直是学术界争议的课题。Knight 和 Song（1993）、Yao（1999）、Yang（1999）与 Liu（2006）等研究表明，劳动力转移能够增加家庭的福利。而钱文荣、郑黎义（2011）研究得出劳动力转移使农户的农业收入和家庭收入都有显著下降。对于劳动力转移是否缓解家庭贫困的研究，Banrjee 和 Kanbur（1981）、Du 等（2005）认为：对于贫

困户尤其是极端贫困户来说,由于转移成本过高及风险过大,他们转移的可能性很小,不利于贫困的缓解。而 Sabates – Wheeler 等（2008）研究得出,转移不仅减缓一般贫困程度,而且对极端贫困的缓解影响显著。

中国改革开放以来,农村劳动力以外出务工形式向城市大规模流动转移,对经济和社会发展产生了深远影响。由于中国具有农村剩余劳动力多、耕地相对不足及贫困面广等有别于其他国家的显著特点,国内外许多研究者基于宏观地区层面,对中国农村劳动力转移对收入的影响给予了极大关注,并取得了基本共识：劳动力转移是地区经济增长的重要方式。根据新劳动力转移经济学理论,劳动力转移是农户的决策行为（Yang,1999）。但基于农户层面研究中国农村劳动力转移对家庭收入影响的研究成果较少,并且主要运用东部与中部省区的农户数据（Taylor and Rozelle,2003；Zhu and Luo,2010；钱文荣、郑黎义,2011）。运用贫困地区农户层面数据,实证研究贫困地区农户劳动力转移与贫困关系的文献还有限。现有的文献也局限于劳动力转移与否或转移规模对收入的影响,没有考虑影响转移行为的重要变量如转移方式与转移区位的影响。因此,在不同的方式和区位选择下,转移规模对农户不同类型收入的作用是否有显著差异需进一步研究。此外,贫困地区贫困户和非贫困户的劳动力转移对收入效应是否存在显著差异也有待进一步检验。

中国贫困主要集中于边疆地区、民族地区和革命老区,其中边疆民族地区的贫困程度尤为严重。新疆作为典型的边疆民族地区,贫困面广且贫困程度深。本节基于新疆 30 个贫困县 300 个行政村 3000 个农户 2008～2010 年的面板数据,采用固定效应法与工具变量法,对上述问题进行实证检验。以劳动力转移规模、转移方式、转移区位作为反映劳动力转移的变量,实证研究这些变量对农户人均收入、农业收入及利他性收入的影响,并将转移农户进行分组处理,划分为贫困组、中等收入组及富裕组,实证研究劳动力转移对各组农户收入作用的差异。研究发现：劳动力转移规模虽然对农户农业收入有负向影响,但对提高农户人均收入与利他性收入有显著的正向效应；自发性转移方式、政府组织性转移方式与人均收入显著正相关,其中自发性转移方式的作用最强；省内县外转移对农户收入的提高最显著,其次为县内乡外转移,省外转移不影响农户收入；劳动力转移规模对贫困户贫困的缓解无影响,也不影响富裕户的收入水平,但显著提高了中等收入农户的收入水平。

（二）文献回顾

关于劳动力转移对收入或贫困的作用机制及影响效应，学者从多个角度进行了研究，主要集中于劳动力转移决策行为的产生原因、劳动力转移对收入不平等的作用及劳动力转移对不同类型收入的影响。

1. 劳动力转移决策行为

根据劳动力转移的新经济学研究文献，劳动力转移是农户而不是个人的决策行为（Yang，1999）。劳动力转移是农户和村庄特征变量的函数（Taylor and Rozelle，2003；Zhu and Luo，2010）。研究的基本共识是：家庭规模越大、劳动力数量越多、子女及老年人数量越少、土地越贫瘠，转移的可能性越大。

2. 劳动力转移对收入不平等的作用

大部分文献都是基于宏观层面，研究了劳动力转移对地区收入差距的影响。林毅夫等（2004）对中国的劳动力转移与地区差距的关系做了经验研究，通过估计转移者对地区间收入差距的反映弹性，认为劳动力转移是缩小差距的有效途径。王小鲁和樊纲（2004）认为，一方面，中西部低收入地区的劳动生产率会随劳动力数量的减少而提高；另一方面，劳动力流动还为中西部地区带来了大量的汇款，因此劳动力转移有助于缩小地区差距。蔡昉（2005）研究了为什么劳动力流动没有缩小城乡收入差距的原因，认为转移规模不足是劳动力转移不能缩小城乡差距的主要原因。

在微观层面上，劳动力转移能否增加家庭的福利及缓解贫困也引起了很多学者的关注，一些文献认为劳动力转移导致了非农收入的提高，由于富裕的农户有更多的转移机会及可能，从而扩大了收入差距（Bhalla，1990；Hussain et al.，1994；Knight and Song，1993；Liu，2006；Yao，1999；Yang，1999）。对于贫困者尤其是极端贫困者来说，由于转移成本过高及风险过大，他们转移的可能性很小（Banerjee and Kanbur 1981；Du，Park and Wang，2005）。Sabates - Wheeler 等（2008）应用加纳和印度农户数据，实证研究了劳动力转移与贫困之间的关系，得出转移不仅减缓一般贫困程度，而且对极端贫困的缓解影响也显著。Du 等（2005）采用中国贫困地区的农户面板数据，实证研究了中国劳动力转移对贫困的影响，研究得出劳动力转移对贫困的缓解作用是中度的，并且最贫困的农户不会发生劳动力转移。

3. 劳动力转移对不同类型收入的影响

Taylor 和 Rozelle（2003）通过对中国河北、辽宁两地劳动力转移的研究发现：一方面，劳动力转移对农作物的收入具有直接的负面影响，而且是显著的；另一方面，劳动力转移虽然减少了家庭从事农业生产的劳动力，但外出劳动力却增加了家庭的资金积累。因而，从总体上看，劳动力转移提高了家庭的收入水平。都阳、朴之水（2003）利用中国西部贫困地区 4 个贫困县的农户调查资料，对转移收入转移及其对贫困状态的影响进行了实证性研究，通过农户转移收入转移前后人均收入的变化与贫困发生率的变化发现：转移收入转移能够帮助其他家庭成员改善福利水平，是缓解贫困的重要因素。

上述文献从不同角度研究了劳动力转移对收入的影响，但基于贫困地区农户的视角，实证研究劳动力转移对贫困地区农户收入及贫困缓解效应的文献较少。现有文献主要把劳动力转移行为作为虚拟变量，研究其对家庭收入的影响，而没有具体实证研究转移的规模、转移方式、转移空间模式对家庭收入的影响；现有文献主要基于贫困地区所有农户收入的提高或贫困率的下降来研究劳动力对贫困的缓解效应，劳动力转移是否真正提高贫困户的收入水平，是否真正缓解贫困，对不同收入水平农户的收入提高是否有显著差异，这些问题也尚待进一步研究。

（三）数据及实证模型的设定

1. 数据来源

数据来源于新疆农村贫困监测跟踪调查数据，涵盖了新疆 30 个贫困县 300 个行政村 3000 户农户。30 个贫困县包括 27 个国家级扶贫开发重点县和 3 个自治区扶贫开发工作重点县，平均每个县调查了 10 个行政村，每个村调查了 10 户农户。数据信息丰富，涉及劳动力转移的家庭情况、劳动力外出打工情况以及劳动力所处村庄的耕地面积、粮食产量等相关情况。时间区间为 2008～2010 年。为了保证研究样本的有效性，剔除了没有劳动力的 176 个家庭，因此，本研究可用样本数为 8824 个。

2. 核心变量的说明

本节将转移劳动力定义为在乡以外从事经济活动超过 1 年的劳动力。

农户总收入主要由农业收入、本地非农收入和转移收入构成。农户人口则由转移劳动力和仍在本地的家庭成员构成。用农户粮食产量、棉花产量、油料产量与畜产品产量总和衡量农业收入的大小。文中家庭与农户属于同一概念。

本节主要分析的收入变量为农户人均收入及转移的利他性收入。农户人均收入由农户总收入与农户人口之比计算得出，它反映了所有家庭成员的劳动成果；转移收入是由转移劳动力外出务工所获得的收入；转移的利他性收入的计算：（家庭农业收入+本地非农收入+转移者寄回或带回家的现金或实物）/仍在本地的家庭成员，它反映了本地家庭其他成员的福利水平，可以用于转移家庭的其他成员和非转移家庭的福利比较（都阳和朴之水，2003）。

劳动力转移规模用家庭转移的劳动力数量衡量。劳动力转移方式主要有三种类型：政府组织性转移、亲友介绍性转移及农户自发性转移。劳动力转移的空间模式有县内乡外转移、省内县外转移及省外转移。主要采用虚拟变量度量劳动力的转移方式及转移的空间模式。

本节中的贫困仅指经济范畴的贫困，可定义为一个家庭的生活水平达不到一种社会可以接受的最低标准（即国家扶贫标准线）。贫困户指的是家庭年人均收入低于国家扶贫标准的农户。

3. 模型的设定及工具变量的选择

由于农户家庭收入主要由农业收入、本地非农收入和转移收入组成，因此，不仅家庭特征因素影响农户收入，农户所在村庄的资源禀赋也会对其收入产生影响。关于劳动力规模与收入关系的模型设定如下：

$$Y_{it} = \alpha_1 M_{it} \times \alpha_2 H_{it} + \alpha_3 V_{it} + \lambda_i + \varphi_t + \varepsilon_{it} \tag{8-1}$$

式中，Y_{it} 反映农户收入的变量，可分别用农户人均收入、转移的利他性收入与农业收入来表示。M 指劳动力转移的数量，衡量了转移的规模；H 表示随时间变化的农户特征变量，包括家庭人口数量（housesize）、劳动力数量（labourer）、子女数量（children）及老人数量（elder）；V 表示随时间变化的农户所在村庄特征变量，主要包括可耕地面积（landcrop）、非农用地面积（landother）；λ 指农户固定效应，φ 指时间效应，ε 为随机扰动项。

为了进一步反映劳动力转移方式与转移空间模式对收入的影响，构建如下模型：

$$Y_{it} = \alpha_1 M_{it} \times T + \alpha_2 H_{it} + \alpha_3 V_{it} + \lambda_i + \varphi_t + \varepsilon_{it} \tag{8-2}$$

式中，T 为虚拟变量，分别表示劳动力转移方式及转移空间模式。m_ x_ gover 表示劳动力规模与政府组织性转移方式的交叉乘积项；m_ x_ relative 表示劳动力规模与亲友介绍性转移方式的交叉乘积项；m_ x_ self 表示劳动力规模与自发性转移方式的交叉乘积项；m_ x_ outtown 表示劳动力规模与县内乡外转移模式的交叉乘积项；m_ x_ outcounty 表示劳动力规模与省内县外转移模式的交叉乘积项；m_ x_ outprovince 表示劳动力规模与省外转移模式的交叉乘积项。其他变量含义与模型（8-1）相同。

此外，由于收入和转移是互相决定的变量，模型很可能存在内生性问题，需要选用合适的工具变量解决此问题。在许多实证文献中，一般把村庄转移网络作为劳动力转移的工具变量（David and Hillet, 2007；Zhao, 2003；Du, Park and Wang, 2005）。转移网络的代理变量主要有两个：一是历史期有转移的农户在整个村庄农户中所占的比重；二是历史期村庄有无劳动力转移，通常用虚拟变量表示，如果历史期有劳动力转移，取值为1，否则为0。鉴于样本数据的限制，选取上一年村庄有无劳动力转移（虚拟变量）作为本年农户劳动力转移规模的工具变量。这是因为上一年村庄有无劳动力转移与当年本村农户劳动力转移有相关性。如果上一年本村有劳动力转移，那么在这些转移劳动力的影响和示范带动下，本村当年转移的农户劳动力数量也会发生变化。但是，村庄层面的劳动力转移情况与家庭层面农户的收入没有直接的联系。因此，这一变量可以作为合理的工具变量解决内生性问题。

（四）基本统计分析

分别对所有农户、有劳动力转移的农户（数目：2093）、无劳动力转移的农户（数目：6731）的主要变量做描述性统计分析，并对有转移农户与无转移农户两组样本主要统计量的差值做了t检验，基本统计量如表8-1所示。所有农户的人均收入的均值为3072.129元。与无转移的农户相比，转移农户的人均收入的均值显著较低，差距为336.024元，意味着较低收入家庭更有可能发生劳动力转移。转移农户的家庭总人口、劳动力人数、全村粮食总产量、粮食作物播种面积均显著高于无转移农户；转移农户的农业收入、赡养的老人数目及其他作物播种面积均显著低于无转移农户。这在一定程度上说明了转移农户具有人口多、劳动力多、老年人少的家庭特征。此外，有劳动力转移的农户普遍来自自然资源禀赋较好的村庄（粮食播种面积较大），这些村庄一般离乡镇或县城距离较近，劳动力转移的成本相对较小。

第八章 新疆农村劳动力转移、产业化扶贫与整村推进模式的效果评价

表 8-1 变量的描述性统计结果

变量名称	所有农户 均值标准差		有转移的农户 均值标准差		无转移的农户 均值标准差		差值
	(1)	(2)	(3)	(4)	(5)	(6)	(3) - (5)
人均收入	3072.129	2239.289	2815.808	1648.874	3151.832	2387.879	-336.024*** (-6.0078)
利他性收入	895.855	1357.331	3776.886	2757.32	0	0	—
农业收入	4174.287	4432.557	4006.805	4005.684	4226.365	4765.949	-219.56* (-1.9084)
家庭总人口	4.789	1.666	5.018156	1.577402	4.717873	1.686554	0.300283*** (7.2222)
劳动力人数	3.210	1.473	3.51505	1.503466	3.115585	1.450423	0.399465*** (10.9087)
转移人数	0.327	0.677466	1.377926	0.6975991	0	0	—
子女人数（18岁以下）	1.239	1.087	1.251314	1.073274	1.235626	1.091797	0.015688 (0.5764)
老人人数（60岁以上）	0.345	0.621	0.2914477	0.5617751	0.3613133	0.6368204	-0.0698656*** (-4.5037)
全村粮食总产量	928.8982	1209.16	1096.434	1455.518	876.803	1116.593	219.631*** (7.2791)
粮食作物播种面积	2379.81	2517.043	2467.04	2291.305	2352.686	2582.778	114.354* (1.8156)
其他作物播种面积	2379.81	2517.043	1225.075	2066.172	1389.139	2455.952	-164.064*** (-2.7668)

注：括号内是 t 检验值；*、** 和 *** 分别表示在 10%、5% 和 1% 水平上显著。

（五）计量结果分析

1. 劳动力转移对农户收入的影响

本节利用模型（8-1）验证了劳动力转移规模对收入的作用，采用了固定效应估计法和工具变量法两种方法。回归结果如表 8-2 所示。劳动力转移规模对家庭人均收入、利他性收入有显著的正向作用，这与大多数文献的研究结论是一致的，即劳动力转移规模越大，家庭人均收入提高得就越多，并且给家庭其他

· 123 ·

成员带来的福利也越大。劳动力转移规模对农业收入具有负向影响（IV 估计结果虽然不显著，但仍然为负），这与 Taylor 和 Rozelle（2003）的研究结论相符。可能的原因在于：相对于未转移的劳动力，转移劳动力的文化程度一般较高，接受先进知识与技术的能力较强。虽然这些劳动力的转移外出会直接导致农业产出的下降，但是当这些转移的劳动力从农业转移到非农业后，将获得较高的工资收入，这不仅在总体上提高了家庭人均收入，而且带回家的打工收入能够提高家庭其他成员的福利水平即利他性收入。表 8-2 的回归结果也表明：家庭规模对人均收入及利他性收入具有显著的负向影响，对农业收入具有显著的正向影响；家庭子女越多，人均收入与农业收入会显著下降；粮食播种面积对人均收入、利他性收入和农业收入均有显著的正向作用。

表 8-2 劳动力转移规模对农户收入的影响

变量	人均收入		利他性收入		农业收入	
	FE	IV	FE	IV	FE	IV
m	220.462***	494.604***	2651.082***	2938.764***	-300.602***	-209.274
	(5.68)	(2.58)	(27.58)	(5.79)	(-3.89)	(-0.66)
housesize	-485.246***	-434.015***	-308.452***	-315.828***	256.649**	281.068**
	(-7.20)	(-6.03)	(-4.55)	(-3.39)	(2.49)	(2.54)
children	-54.885	-300.791***	17.149	-49.292	-255.880**	-361.831***
	(-0.94)	(-5.95)	(0.30)	(-0.97)	(-2.21)	(-3.58)
elder	-66.691	-89.346	-12.553	-2.815	37.902	65.993
	(-0.66)	(-1.02)	(-0.18)	(-0.03)	(0.46)	(0.67)
labourer	15.997	33.443	-31.626	-31.358	-67.202	-59.666
	(0.27)	(0.54)	(-0.64)	(-0.52)	(-0.73)	(-0.60)
landcrop	-0.009	0.068***	0.049**	0.072***	0.141**	0.174***
	(-0.49)	(3.94)	(2.39)	(3.80)	(2.31)	(2.59)
landother	0.018	-0.007	-0.024	-0.029	-0.296**	-0.306**
	(0.44)	(-0.18)	(-0.85)	(-0.97)	(-2.10)	(-2.03)
constant	4970.986***	5132.173***	1470.812***	1556.065***	3388.765***	3490.527***
	(21.19)	(20.62)	(5.61)	(4.77)	(7.25)	(7.98)
个体效应	是	是	是	是	是	是
年度效应	是	是	是	是	是	是
样本数	8824	8824	8803	8803	8824	8824
R^2	0.1040	0.0329	0.5102	0.4988	0.0274	0.0208

注：括号内是标准误，FE 法采用聚类稳健的标准误，IV 法采用 Bootstrap 标准误；*、** 和 *** 分别表示在 10%、5% 和 1% 水平上显著。

利用模型（8-2）分析劳动力转移方式、转移空间模式对收入的影响，采用的方法为固定效应估计法，回归结果如表8-3所示。自发性转移方式与政府组织性转移方式均显著正向提高了农户收入，二者的估计系数分别为120.041与75.030，说明了由自发性转移单位劳动力所产生的人均收入大于政府组织性转移，收入差距约为45.011元，自发性转移是提高农户收入的主要转移方式。亲友介绍性转移方式对农户收入提高不显著。这个结论说明了现阶段贫困地区农户的转移行为具有自愿与政府推动的双重特征。在贫困地区劳动力市场不完备的情况下，政府主导性劳动力转移对农户增收起到了重要作用；同时，随着外部转移环境（如交通、通信等基础设施）的改善及自身收入水平的提高，农户抵御转移风险与克服转移成本的能力增强，自愿转移提高收入的意愿变得更强烈。

对于劳动力转移区位选择，在样本期间内，区外转移与县内乡外转移的比例都大幅下降，下降幅度分别为45.59%与32.69%，区内县外转移所占比例最高，且呈递增趋势，由2008年的63.95%增加到2010年的76.26%，可见，区内县外转移是新疆农户现阶段的主要转移模式。由表8-3的回归结果进一步可知，区内县外转移对农户收入的提高最显著，按照这种转移模式，转移单位劳动力会提高家庭人均收入109.441元。其次为县内乡外转移，转移单位劳动力可提高家庭人均收入90.579元，区外转移不影响农户收入，主要原因是新疆与内地省区距离较远，劳动力区外转移的交通费用及成本较高，农户区外转移的可能性很小。

表8-3 劳动力转移的类型、转移的空间模式对农户人均收入的影响

变量	转移的类型	变量	转移的空间模式
m_x_gover	75.030* (1.75)	m_x_outtown	90.579* (1.95)
m_x_relative	51.996 (0.54)	m_x_outcounty	109.441*** (4.75)
m_x_self	120.041*** (5.72)	m_x_outprovince	112.233 (0.64)
children	-53.096 (-0.91)	children	-52.820 (-0.91)
elder	-76.905 (-0.76)	elder	-78.075 (-0.77)

续表

变量	转移的类型	变量	转移的空间模式
labourer	13.773	labourer	14.520
	(0.23)		(0.24)
housesize	-481.586***	housesize	-481.385***
	(-7.11)		(-7.11)
landcrop	-0.009	landcrop	-0.009
	(-0.50)		(-0.50)
landother	0.016	landother	0.016
	(0.39)		(0.40)
constant	5015.492***	constant	5010.303***
	(21.20)		(21.19)
个体效应	是	个体效应	是
年度效应	是	年度效应	是
样本数	8824	样本数	8824
R^2	0.1025	R^2	0.1023

注：括号内是聚类稳健的标准误；*、**和***分别表示在1%、5%和10%水平上显著；被解释变量均为家庭人均收入。

2. 劳动力转移对贫困的缓解效应

要研究转移对贫困缓解的影响效应，需要找出哪些农户属于贫困户，哪些农户属于非贫困户。根据贫困的定义，按照2008~2010年国家扶贫标准线，本节计算得出3年间的平均扶贫标准为1179元。以这个平均扶贫标准值为分组变量，把低于1179元的农户确定为贫困户（数目963），其他农户称为非贫困户（7861户）。为了进一步研究劳动力转移对非贫困户中不同收入水平农户的影响，按人均收入（3072.13元）分组，把非贫困户进一步划分为中等收入户与富裕户。把低于人均收入3072.13元且高于1179元的农户确定为中等收入户（4558户），高于3072.13元的农户称为富裕户（3303户）。统计分析可知：样本期间内，贫困组的户均转移规模为0.208人，富裕组为0.295人，而中等收入组最高，达到户均0.375人。由此可见：贫困地区劳动力转移主要发生于中等收入组农户，贫困组与富裕组农户劳动力转移的规模较小。

为了进一步观察各组样本中农户转移规模对贫困户贫困和其他农户收入的影

响,应用模型(8-1),分别采用固定效应法和工具变量法,对贫困户、中等收入户、富裕户3组样本进行回归分析,结果如表8-4所示。回归结果表明,劳动力转移规模对贫困户的贫困缓解无影响,对富裕户的收入提高也无影响,但总体上对中等收入户的收入有显著的正向效应(虽然工具变量法的估计结果不显著,但符号仍为正)。可能的原因在于:与非贫困户相比,由于贫困户受到更大的收入约束,劳动力转移的风险较高,转移的机会及规模较小,获得的转移收入偏低,对家庭收入提高作用甚微(Banerjee and Kanbur 1981;Du,Park Wang,2005)。贫困地区富裕户一般拥有较多的可耕地(本节中富裕户拥有的粮食作物和其他作物播种面积均高于其他农户,富裕户所在村庄的粮食作物播种面积平均为2711.18亩,其他作物播种面积平均为1762.15亩;其他农户所在村庄的粮食作物与其他作物播种面积分别为2181.57亩和1103.78亩),从而在农业生产上需要更多的劳动力,没有较多的剩余劳动力用于外出转移。虽然拥有更多土地的富裕农户在农业生产上也可能受到更多的资本约束,但是,富裕农户能够克服农业生产上的资金流动和风险约束,发生劳动力转移的可能性很小(Rozelle,Taylor and DeBrauw,1999)。而中等收入农户发生劳动力转移的可能性最大,他们在一定程度上能够克服贫困户所面对的转移成本约束,同时也能够克服富裕户面对的耕地约束,劳动力转移的规模较大,从而获得的转移非农收入较多,对家庭收入提高明显。

家庭规模与子女数目对非贫困户的收入有显著的负向影响,即家庭规模和子女数目越少,非贫困户的收入提高就越多;老人数目对富裕户的收入水平也有显著的负向影响;但这些变量对贫困户的贫困缓解均不显著。其原因是:与非贫困户相比,贫困户抚养的子女及老人数目较多,即劳动力负担系数过重(计算得出贫困户和非贫困户的劳动力负担系数分别为1.8与1.3),贫困户增收困难;另外,劳动力还需要较多的时间照顾子女及老人,导致劳动力转移的可能性很小,贫困户增收进一步受阻。

粮食播种面积对中等收入农户的收入有正向效应(虽然固定效应估计系数不显著,但符号为正)。不管用哪种方法,贫困户样本组的粮食播种面积的系数均不显著,并且为负,这也在一定程度上说明了贫困户主要位于生产条件相对恶劣及土地资源相对贫瘠的地区,这些地区一般离中心城市较远,交通成本过高,转移成本过大,贫困户转移的可能性甚微。

表8-4 劳动力转移规模对贫困户贫困缓解的影响

变量	贫困户		非贫困户			
			中等收入户		富裕户	
	FE	IV	FE	IV	FE	IV
migrant	65.203 (1.14)	41.005 (1.20)	90.729*** (4.23)	220.271 (0.19)	136.133 (0.97)	618.567 (0.93)
housesize	-45.228 (1.04)	42.241 (1.15)	-139.419*** (-4.94)	-134.146 (-0.54)	-938.610*** (-4.39)	-845.904*** (-4.35)
children	-52.092 (-1.08)	-51.602 (-1.12)	-41.078 (-1.37)	-102.245*** (-3.04)	128.052 (0.87)	-305.088* (-1.90)
elder	113.008 (-1.50)	-116.690 (-1.12)	-44.349 (-0.77)	-23.855 (-0.19)	-673.143*** (-3.18)	-656.965*** (-2.96)
labourer	-10.524 (-0.29)	-8.515 (-0.29)	11.826 (0.41)	13.718 (0.11)	47.262 (0.34)	71.217 (0.40)
landcrop	-0.002 (-0.17)	-0.002 (-0.05)	0.010 (1.15)	0.040* (1.93)	-0.042 (-1.47)	0.051 (1.73)
landother	0.066 (1.40)	0.063 (0.95)	0.007 (0.38)	-0.021 (-0.86)	-0.011 (-0.13)	-0.006 (-0.08)
constant	573.156*** (3.27)	591.024*** (3.47)	2641.239*** (30.92)	2739.955** (2.57)	8506.427*** (13.44)	8706.188*** (10.23)
个体效应	是	是	是	是	是	是
年度效应	是	是	是	是	是	是
样本数	963	963	4558	4558	3303	3303
R^2	0.0156	0.0032	0.1260	0.0243	0.1152	0.0231

注：括号内是标准误，FE法采用聚类稳健的标准误，IV法采用Bootstrap标准误；*、**和***分别表示在10%、5%和1%水平上显著；被解释变量均为家庭人均收入。

（六）研究结论

本节基于新疆30个贫困县3000户农户2008~2010年的微观面板数据，在控制了家庭规模、劳动力数量等家庭特征变量和村庄特征变量的前提下，分别考察了劳动力转移规模、劳动力转移方式及劳动力转移模式对收入的回归，并进一步分析了劳动力转移规模对贫困缓解的影响。实证检验结果表明：①劳动力转移规模对农户农业收入有负向影响,但显著提高了家庭人均收入、家庭利他性收入。②自发性转移方式、政府组织性转移方式能够显著提高农户人均收入水平,并且自发性转移方式的作用更强。区内县外转移对农户收入的提高最显著,其次为县内乡外转移,区外转移不影响农户收入。③劳动力转移规模对贫困的缓解效应无影响,也不影响富裕户的收入水平,但显著提高了中等收入农户的收入水平。

上述分析结论有着重要的政策启示:劳动力转移是提高贫困地区农户收入的重要举措。因此,政府应采取多项措施,积极宣传和引导,提供必要的就业信息及培训转移劳动力的技能,鼓励劳动力县内乡外、区内县外转移。此外,鉴于劳动力转移对贫困户贫困的缓解作用不明显,政府应创新现有依靠劳动力转移来扶贫的政策,采取针对贫困户的劳动力转移咨询服务和特殊技能培训,给予必要的资金与信贷支持,减轻转移约束与成本,增加转移规模,切实提高贫困农户的收入水平,真正起到扶贫的效果。

二、产业化扶贫与整村推进的效果

(一) 产业化扶贫取得的主要成绩

产业化扶贫是基于农业产业化经营提出的扶贫战略措施,旨在通过龙头企业的带动,推进贫困地区农业产业化进程,调整产业结构,引导农民有序进入市场,实现增加贫困农民收入的目标。产业化扶贫主要靠扶贫龙头企业带动,发展扶贫龙头企业是产业化扶贫的关键环节。扶贫龙头企业是指以农业产业加工或流通为主业,或以贫困地区劳动力为就业主体的,通过各种利益联结机制带动贫困农户进入市场,促进贫困地区产业结构和就业结构调整,在规模和经济指标上达到规定标准并经国务院扶贫办或自治区扶贫办认定的企业。随着国家和自治区扶贫龙头企业认定工作的开展以及配套支持政策的引导,扶贫龙头企业对区域性特色产业发展、提高产品竞争力以及增加农民收入起到越来越大的作用。

新疆围绕棉、粮、果、畜四大基地建设,确立重点"培植主导产业,发展特色产业,培育龙头企业,积极开拓市场"的扶贫开发思路,大力扶持和发展了特色林果业、设施农业、畜牧养殖业等扶贫支柱产业，走出了一条产业化扶贫开发新路，并取得了显著成效。具体体现在①：

1. 贫困地区特色林果业发展迅猛，成为贫困户脱贫致富的有效途径

南疆和田、喀什、克州、阿克苏是自治区开发扶贫的重点区域。多年来，结合南疆四地州产业结构调整和林果业发展规划，累计投入扶贫资金16.88亿元，积极支持四地州重点县、乡、村发展林果业。新阶段四地州重点县（市）新定制经济林201万亩，林果面积由2000年的126万亩发展到525万亩，占四地州林果总面积的68%。在规模扩大的同时，支持四地州重点县突出发展精品果园、特色果园，嫁接改造143万亩，不断提升质量效益，林果收入大幅增长，在农民收入中的比重不断提高。和田、叶城、英吉沙三个重点县已实现了林果种植全覆盖。叶城、和田的核桃，皮山的石榴，英吉沙的杏子，阿图什的葡萄、莎车的巴旦木已形成规模效益，正在向精品特色方向发展。四地州林果业已成为农村经济发展的支柱产业和农民增收的重要渠道。最典型的是和田县的核桃种植，面积已达30多万亩，产量1万多吨，收入1.5亿元，在全县农民人均收入中占到40%以上，再建设10年左右，核桃可为和田县农民人均增收贡献3000元以上。

2. 贫困地区设施农业规模化发展，已成为贫困户脱贫致富的重要基础

新疆累计投入扶贫资金2.67亿元扶持贫困地区设施农业规模化发展。设施农业已成为贫困农牧民脱贫致富的重要基础。喀什地区、和田地区设施农业面积分别达5.8万亩、5.4万亩，形成了规模化发展。皮山县在设施农业发展中从提高农民生产技能入手，成立培训中心，建立农业科普示范基地，累计培训人员1万多人。玉田县科克压克乡2村384户维吾尔族家庭平均2户1个大棚，农民人均收入已由2003年的900元增加到1400元，来自大棚种植的收入已占到农民人均收入的40%。设施农业投入产出快、效益好，对南疆贫困地区少数民族来说不仅是一场农业生产方式的变革，更是发展观念上的转变。

3. 畜牧养殖业的发展成为贫困户脱贫致富的重要渠道

新疆加大对重点县、乡、村畜牧养殖业扶贫资金投入力度，累计投入11.3亿元，有力支持畜牧业的发展，取得了明显的经济效益。和田地区提出大力发展养驴业，规划今后几年发展商品驴30万头。岳普湖县大力发展驴产业，养殖

---

① 本部分的资料主要来源于《新疆通志——扶贫开发志》、《新疆扶贫开发工作会议交流材料》以及互联网。

"疆岳驴"达4.1万头,日加工鲜奶10吨,经深加工后的奶粉及肉制品已销往全国各地,市场前景看好。一些重点乡、村的鸡、鸭、鹅、鸽、黑蜂等都有一定规模,效益明显。

4. 扶贫龙头企业经济实力不断提高

2006~2011年,新疆根据产业化扶贫的需要,建立扶贫龙头企业认证制度,制定一系列扶持政策,安排贴息资金8133万元、扶贫贷款28.81亿元,大力支持扶贫龙头企业发展。在短短5年间,全疆扶贫龙头企业从初期的36家发展到133家。覆盖贫困村3413个,带动贫困户56.4万户增收致富。此外,各级农业龙头企业吸纳就业人员23.5万人。经营范围覆盖农林产品种、养、加、储、销等整个产业链条,形成了一批名牌产品和主导产业,有力地拉动了贫困地区经济结构调整、产业经营水平提升,促进了贫困农牧民就地就近转移就业和劳务创收。5年间,自治区除通过各项扶持资金支持扶贫龙头企业发展外,扶贫龙头企业自身也加强管理、外拓市场,开展技术创新、人才培养,加强品牌建设、质量管理,规模不断扩大,效益逐年提高。到2015年底,全疆133家扶贫龙头企业的资产总额达114.4亿元,年销售收入达85.7亿元,利润总额达7.35亿元。

5. 扶贫龙头企业辐射带动能力不断增强

新疆的扶贫龙头企业主要有三种类型,分别是:在贫困地区采取公司+基地+农户形式直接带动贫困户的龙头企业;在贫困地区为主要原材料基地的龙头企业;大量吸纳扶贫开发工作重点县(市)劳动力就业的龙头企业。扶贫龙头企业在自身发展的同时,积极履行社会责任,探索企业与农户的利益联结机制,带动贫困农户增收,形成效益覆盖。2011年,在全疆8个扶贫开发工作重点地州中,扶贫龙头企业最多的达22家,最少的也发展到了两家;在35个扶贫开发工作重点县中,绝大多数都有扶贫龙头企业,最多的达11家。全疆基本实现了重点地州全面覆盖、重点县市基本有扶贫龙头企业、贫困乡村有扶贫产业基地的格局。全疆133家扶贫龙头企业共覆盖行政村8980个,其中贫困村2954个,占到1/3;签订单60万户,带动贫困户近10万户;带动就业12.5万人,其中贫困人口占10%。如阿克陶县奔达棉业有限公司在棉花的生产和流通过程中,实现生产、加工、销售一条龙。公司实行订单保护价收购棉籽,与200余户农民签订了棉籽购销合同。和田地毯有限责任公司通过订单(合同)、合作等方式收购加工原料,并在策勒县、于田县等县(市)建立了和田地毯羊毛基地,带动养殖户3

万余户,农牧民直接创收 500 余万元。企业将新产品开发、订单、市场营销、设计图案,分发到地毯加工户手中,带动农户 3.1 万户(其中贫困户 0.99 万户)。

阿克苏地区的新疆恒丰糖业有限公司是国家扶贫龙头企业,依托 5 万亩甜菜种植基地,推进科技扶贫、资金扶贫和就业扶贫,覆盖农牧民 1 万多户,户均年增收稳定在 6000 元以上,通过实施甜菜种植示范工程,建立"公司+农户"的生产模式,带动农户 8000 余户,户均增收 350 元。

6. 扶贫龙头企业产业链条不断加宽和延伸

2011 年,全疆 133 家扶贫龙头企业中,农副产品加工企业 116 家,占总数的 87%。同时,形成了伊犁巴口香实业有限责任公司、伊犁中洲高科技发展有限责任公司、昌泰实业有限公司、新疆果业集团、哈密长河工贸集团有限公司、新疆南达投资有限公司等带动力强的企业,创立了"沙漠香魂"、"昆仑雪"、"绿洲龙枣"、"古兰尚品"、"西域果园"等影响面广的名优品牌。30 个扶贫开发工作重点县各类农副产品交易市场基本建立,扶贫龙头企业产业链不断加宽和延伸。新疆伊犁中洲高科技发展有限责任公司在发展中逐步形成了"贸工农一体化、产供销一条龙"的产业化经营体系,带动当地种植、养殖、运输等数个相关产业的联动发展。新疆瑞隆农业发展有限责任公司建立原料基地 18 万亩,在沙湾县的 264 个行政村建立了优质油料种植基地,通过加工使产业链进一步得到延伸。新疆果业集团有限公司、新疆拓普农产品有限公司、新疆和田阿花阿娇有限公司、新疆天海粮油工业有限公司等扶贫龙头企业日益发展壮大,立足资源优势,开发建设,加工销售杏、葡萄、核桃、石榴、香梨等林果产品,有效促进了特色林果业的发展壮大。

(二)整村推进取得的成效

对扶贫开发工作重点村实施整村推进扶贫开发规划,是 21 世纪初农村扶贫开发新阶段扶贫开发工作的重中之重,占据"一体两翼"扶贫开发战略的中心位置。

扶贫开发工作重点村是自治区扶贫开发的基本单元,工作重点。根据国家的要求,扶贫开发工作要围绕扶贫开发工作重点村的整村推进进行。扶贫开发工作重点村按照集中连片的原则,在以南疆四地州(和田、喀什、克州、阿克苏)为重点的塔克拉玛干沙漠干旱贫困区和北疆天山、阿勒泰山为重点的高寒牧区范围内确定。重点村共 3006 个,覆盖了 80% 的贫困人口,其中 2909 个在扶贫重点县。对重点村分3轮扶持,每两年一轮,2004年开始第一轮。在第一轮的1695个重点村中,有巩固提高的295个,这是在2001~2003年进行过扶持的重点村。第一轮覆盖了80%的特困人口,其中和田地区80%、喀什地区70%、克州75%、其他地州90%。2006年开始第二轮,2008年开始第三轮。在具体部署上,实行分级负责制,扶贫重点县的重点村由自治区给予重点扶持,由所在地州、县市扶持为主。在实际执行中,主要采用了按年度下达整村推进任务,确定每年考核验收的重点村,未能验收合格的重点村转入下年度继续扶持。

实行整村推进的扶贫开发工作重点村要实现"五通"(通水、通电、通路、通电话、通广播电视)、"五有"(有学上、有医疗保障、有科技文化室、有集体经济收入、有强有力的村级领导班子),重点村贫困户做到"五能"(能用上安全饮用水、能用上电、能有一项以上稳定收入来源的生产项目、能有经济适用房住、能及时得到培训和获得信息)。

1. 第一轮整村推进的成效

2004年,第一轮整村推进启动。全年投放扶贫资金8.52亿元,安排项目1500个。项目资金集中投放到第一轮重点村,兼顾第二轮、第三轮重点村,扶贫资金投放到第一轮重点村的比例达到2/3以上,其余1/3投放到第二轮、第三轮重点村。

2004年,安排6700万元专项扶贫资金用于"抗震安居工程"建设,确定补助标准,落实资金足额及时到位。至年底,和田地区、喀什地区、克州、阿克苏地区、巴音州在整村推进中建设抗震安居住房超过10万户,其中特困户2.2万户、低收入农户5万户。伊犁州按照"五通"、"五有"、"五能"的标准,制定"缺项补项方案",实施了30个重点村的整村推进,完成第一轮任务的300%。喀什地区对整村推进要验收的191个重点村,投入1921万元,每村平均不低于100万元,做到扶贫资金落实到位,地方筹措资金落实到位。和田地区实施整村推进,严格按照"五通"、"五有"、"五能"的标准抓扶贫项目资金的整合,计划完成整村推进的211个重点村有80%的村达到了验收标准。

2005年,在整村推进中以"构建和谐文明新村"开展创建小康示范乡村活动。全区建设小康示范创建乡8个,小康示范创建村30个。这一年,国家和自治区投入各类扶贫资金12.2亿元,其中财政扶贫资金3.3亿元、以工代赈资金5.6亿元、扶贫贴息贷款3.3亿元,安排扶贫资金项目938个,重点支持改善基本生产生活条件和生态环境特别是基本农田建设和促进粮食增产的项目。资金和项目的重点是第一轮重点村。抗震安居工程建设安排9000万元，近16万户贫困户住进抗震安居房。30个扶贫重点县以整村推进为载体，整合其他各类资金达到1.71亿元，项目涉及255个乡镇的2164个重点村，覆盖农户26.6万户、116.7万人，其中贫困户17.4万户、77.8万人。当年新植经济林35.19万户，嫁接改造经济林32.01万亩，新增改扩建公路1308公里；解决了228个重点村通水和12.5万人和50万头牲畜饮水问题、16个重点村的通电问题、49个重点村通公路问题、41个扶贫重点村通电话问题、69个扶贫重点村通广播电视问题、11个扶贫重点村就近上学的问题等。

2. 第二轮整村推进的成效

2006年，整村推进工作以发展村级集体经济为重点，提高村级办事能力。全年安排村集体经济项目资金1000万元，启动实施212个项目，其中29个农业项目资金145万元、118个畜牧项目资金563万元、30个林果业项目资金146万元、5个园艺项目资金24万元、29个其他项目资金138万元。当年投入资金3.8569亿元，其中财政扶贫资金1.3605亿元，占总数的35%；以工代赈扶贫资金为6268万元，占总数的16%；社会帮扶资金4399万元，占总数的11%；群众自筹资金4894万元，占总数的12%；其他资金3254万元，占总数的8%。

2007年，在整村推进中，围绕"四大基地"建设，支持重点村因地制宜调整产业结构，发展特色优势产业；以"村有集体经济、户有增收产业"为目标，以项目为载体，支持重点村贫困农牧民发展庭院经济、设施农业、特色养殖等，增强重点村经济实力和贫困农民自我发展能力。重点加强南疆三地州和北疆高寒牧区重点村的扶贫开发力度，确保扶贫项目覆盖到户，收益到人。当年下达安排资金3.4692亿元、财政资金扶贫项目1974个，覆盖474个乡、2026个重点村，受益人口37万户、152万人。

3. 第三轮整村推进的成效

2008年，国家在全面推进整村推进工作基础上，加大对"三个确保村"的整村推进工作力度。这一年，新疆下达的实施整村推进扶贫开发规划的441个重点村中，有"三个确保村"48个。全年投放各类扶贫资金4.9亿元，其中扶贫专项资金2.89亿元、部门整合资金2.01亿元。各类扶贫资金中，"三个确保村"资金2832万元，占到5.8%。扶贫项目覆盖贫困户22万户、98万人，竣工验收村年末农民人均纯收入2012元，解决贫困人口23万人。2008年与2000年相比，30个扶贫开发工作重点县行政村通公路比例由70%上升到91%、通电比例由

79%上升到95%、通电话比例由61%上升到95%、通广播电视比例由80%上升到96%;通过实施"扶贫抗震安居"工程,5年间为贫困户建抗震安居住房72.2万户。

(三) 典型案例:色帕巴依乡色帕巴依村整村推进的实践探索

阿合奇县色帕巴依乡色帕巴依村位于阿合奇县以东23公里处,海拔在2100~2300米。全村辖3个村民小组,农牧民以柯尔克孜族为主。2007年有农牧民325户,1229人,有耕地1171亩,退耕还草1129亩,草场面积18207亩,人均收入1025元。2007年以来村支部、村委会紧紧抓住扶贫开发整村推进和边境扶贫试点的大好机遇,立足高标准,全力抓推进,整合资金发展生产,村里发生了一系列新变化,为加快整村推进和新农村建设步伐奠定了坚实基础。

1. 主要经验和做法

(1) 整合资金,加强资金管理,确保资金效益发挥到最大化。资金不足是困扰整村推进工作的最大障碍。村委会坚持强力整合、高效使用、多元投入的方式方法,有效破解资金短缺难题。通过积极整合交通、水利、农业、林业等多部门的建设资金投入到当年的整村推进实施村中去,确保资金集中投入、集中使用,确保足额投入,确保发挥最大效率,确保产业投资上围绕重点项目,使得群众满意。

(2) 强化保障,把加快整村推进工作的推动力定位在建立长效机制上。先后成立了以县党委主要领导直接挂帅的整村推进和新农村建设领导组织;实行了领导干部包规划制定、包资金落实、包项目建设、包工作协调、包长效管理、保脱贫增收的"五包一保"责任制度;培养优秀带头人和新型农民,采取技术人员带、专业教师讲、党员干部领、舆论宣传引、群众自己学等方式,加强了群众的思想道德和生产技能等多方面的教育和培训工作,建立长效保障机制。

2. 取得的成效

以前,色帕巴依村基础设施比较简陋,2007年色帕巴依村被确立为整村推进示范村,集中整合各类资金424.2万元,主要做了以下6个方面的工作。

(1) 投资33万元新建色帕巴依村办公场所,占地面积1100平方米,建筑面积336平方米,现有村"两委"办公室6间,村级文化室、卫生室、民兵执勤室、图书室、学习室、会议室各1间,并按照规定配备了国旗台等设施、设备,村级办公条件得到了极大改善。

（2）加强村级道路建设，解决农牧民群众出行难的问题。整村推进实施以来，共投入55万元修建村村通公路12条，长约20公里，牧道43公里，极大地方便了群众出行，为牧民牲畜转场提供了可靠的保证。

（3）大力实施电力设施改造工程，投入财政扶贫资金30万元，使全村农区实现了100%通电入户，并对老化的电力设施进行及时更换和维修，确保电力设施安全畅通。

（4）防病改水工程取得阶段性成效，投入资金36.2万元，使全村181户新建房无水区域实现自来水管网入户。

（5）在广泛征求农牧民群众的意见和建议的基础上，按照"因地制宜、分类指导、重点推进、逐步发展"的建设原则，对全村实行统一规划选址、统一设计、统一施工、集中连片、先行试点、整体推进的方法建设抗震安居住房181户，180万元，其中财政扶贫资金投入153万元、群众自筹36万元。

（6）以抗震安居工程建设为契机，投资90万元进行庭院整治，其中财政扶贫资金36万元、农牧民自筹54万元。美化房屋166户，修建围墙1500米，拆除危旧房105间，确保房屋经济适用、安全美观。并进行以沼气池、改厨、改厕、改圈为主要内容的"一池三改"工程。2009年该村建设沼气池45座，通过沼气池建设带动改圈、改厕、改厨工程，逐步改变群众生活观念和生活习性。

三、新疆"一体两翼"扶贫模式存在的主要问题

从目前运行情况来看，"一体两翼"扶贫模式的功能没有得到充分的体现，这可以从以下几点看出：

（一）新疆贫困地区农民的就业结构仍不合理

理想状况下，随着农牧产业水平和生产效率的提高，农牧业就业比重应该适当降低；技术培训则为贫困农户开辟了其他就业渠道，相对应的第二、第三产业的就业比重则应该有所增加；项目扶持虽以农牧业为主，但也应该根据地方需要，适当扶持其他行业的发展。对比2005年和2010年两年的新疆扶贫开发重点县农民劳动力行业分布（见表8-5），我们发现全疆贫困县及南疆三地州的劳动

力人数都有了一定程度的增加，但是就业结构却没有明显的变化，绝大多数劳动力都集中在农业和牧业，只是农业就业比重稍有下降，牧业就业比重稍有增加，而其他第二、第三产业就业比重则大部分呈下降趋势，甚至有些行业（教育、卫生等）的就业人数由有到无，出现了行业真空。这种就业结构的变化趋势显然不是扶贫开发工作所期待的，这可能是各级政府和贫困地区强调发展农牧业的结果。所以，在今后的扶贫开发中，应依托当地农牧业发展农畜产品深加工，从而带动第二产业与相关第三产业的发展。

表 8-5　新疆扶贫开发重点县农民劳动力行业分布情况

指标	重点县		南疆三地州	
	2005 年	2010 年	2005 年	2010 年
参加劳动者人数（人）	8623	9581	5621	6374
当年从事的主要行业构成（%）	100	100	100	100
农业	83.7	82.2	92.0	90.4
林业	0.7	0.9	0.7	0.6
牧业	11.0	12.9	5.9	7.5
渔业	—	—	—	—
采矿业	0.2	0.2	0.1	0.1
制造业	0.3	0.5	0.3	0.3
电、煤及水的生产和供应业	0.1	—	—	—
建筑业	0.2	0.4	0.1	0.2
交通运输仓储和邮政业	0.5	0.3	0.2	0.2
批发和零售业	0.5	0.3	0.1	0.2
住宿和餐饮业	0.3	0.3	—	—
居民服务和其他服务业	0.5	—	0.1	—
教育	0.4	—	0.1	—
卫生社会保障和社会福利业	0.1	—	—	—
文化体育和娱乐业	0.1	—	—	—
其他	1.1	1.9	0.1	0.5
没有参加生产劳动	0.6			

资料来源：《新疆调查年鉴》（2011）。

(二) 基础设施建设进度缓慢

加大基础设施投入量对摆脱经济停滞状态最关键。良好的基础设施条件对保持减贫效果、维持减贫速度至关重要。如表8-6所示，2005~2010年，6年里新疆贫困地区的基础设施条件都有了不同程度的改善，尤其是通电的自然村数已近100%，通路和能够接收电视节目的自然村比重也达到了90%以上，但是所有这些基础设施指标都反映出发展缓慢的疲态。基础设施条件无法达到一定要求就很难保持扶贫效果，特别是在医疗卫生方面。有关调查显示，在所有返贫人口中因病返贫的比重最高，这与贫困地区基本医疗条件跟不上密切相关。所以从这点上说，加快改善贫困地区的基础设施条件，不仅有利于当地的经济社会发展，还是保持和稳定减贫效果的重要保障。

表8-6 2005~2010年扶贫开发重点县基础设施情况　　　单位:%

指 标	2005年		2006年		2007年	
	全疆	南疆	全疆	南疆	全疆	南疆
通公路的自然村比重	83.0	80.4	91.31	90.13	91.9	90.6
通电的自然村比重	96.0	96.8	97.57	98.31	97.6	98.3
通电话的自然村比重	73.5	71.8	83.57	80.76	85.0	82.7
能接收电视节目的自然村比重	95.3	96.1	96.71	97.61	97.7	98.6
本村有幼儿园、学前班比重	14.7	5.6	18.00	10.26	22.3	15.9
本村有卫生室比重	49.3	45.6	50.33	48.21	54.3	50.8
本村有合格乡村医生、卫生员比重	54.7	51.8	53.67	50.26	59.3	58.5
本村有合格接生员比重	53.0	48.7	51.67	48.21	58.7	57.9
指 标	2008年		2009年		2010年	
	全疆	南疆	全疆	南疆	全疆	南疆
通公路的自然村比重	91.9	90.8	92.0	91.2	91.5	90.7
通电的自然村比重	97.9	98.5	97.8	98.4	98.0	98.6
通电话的自然村比重	86.3	84.1	90.1	89.3	83.6	81.0
能接收电视节目的自然村比重	98.0	98.7	95.8	96.0	96.6	96.5
本村有幼儿园、学前班比重	28.3	26.7	32.7	34.6	33.0	34.9
本村有卫生室比重	62.7	60.0	63.7	64.4	62.3	62.1
本村有合格乡村医生、卫生员比重	61.7	62.1	65.7	66.8	66.0	67.7
本村有合格接生员比重	61.0	60.5	64.7	66.3	65.3	65.6

资料来源:《新疆调查年鉴》、《改革开放三十年——新疆城乡人民生活》、《新中国六十年——新疆人民生活》。

（三）农业科技使用率低

从新疆贫困村农业科技使用情况来看，虽在各方面都有不同程度的提高，但是发展速度相对缓慢，至2010年使用节水栽培技术村的比重为54%，有塑料大棚或温室村的比重为52%，农牧业新技术示范村的比重为73.3%，举办过专业技术培训村的比重为84.3%。可见，没有一项农业科技对贫困村的覆盖率超过90%（见图8-1）。农业科技的使用不但能够提高农业生产效率，而且对新疆这样一个自然灾害频发的地区，尤其是对自然灾害严重的贫困地区，很多农业科技的使用能够大大起到减灾抗灾的作用，能够有效地降低因灾致贫和因灾返贫的人口数，确保已经取得的扶贫效果。但是，低覆盖率和低使用率使农业科技的作用还远远没有得到发挥，影响了扶贫效果的持续性。

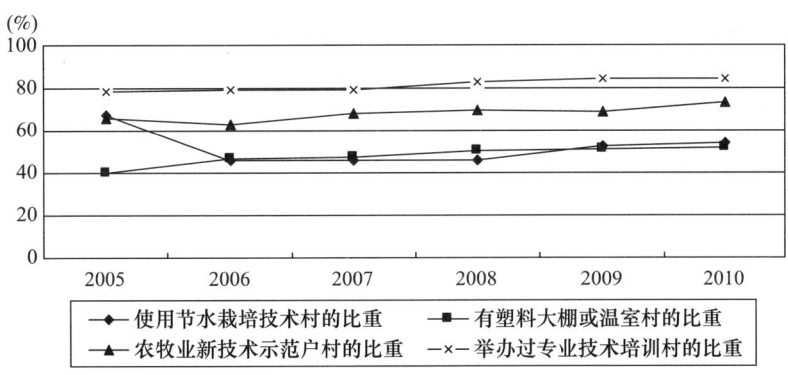

图8-1　新疆贫困村农业科技情况

（四）南疆地区扶贫效率偏低

从新疆整个扶贫工作的蓝图来说，北疆高寒牧区、南疆三地州和边境地区为三大重点扶贫区域，尤其南疆三地州是无可争议的核心工作区域，其贫困问题是否妥善解决直接意味着新疆扶贫工作能否成功。但是，南疆的扶贫效率较北疆地区偏低甚至不及全疆平均水平，这与南疆地区在扶贫进程中遇到的更严峻的环境和情况有关，同时也说明南疆地区的扶贫工作还有待进一步的完善。南疆扶贫效率较低从农民人均收入情况上也可见一斑。以2010年新疆扶贫重点县与南疆三地州农民人均总收入对比来说明，无论是总收入还是人均纯收入，无论是工资性收入、家庭经营收入、财产性收入还是转移性收入，南疆三地州全部低于全疆平均水平（见表8-7）。对于贫困地区而言，收入水平的高低可以认为是贫困程度和扶贫效果共同作用的结果。南疆地区农民人均收入较低确实在很大程度上归因于南疆更加严重的贫困程度，但是也不能忽略扶贫效果产生的影响，尤其是随着近年对南疆地区的扶贫投入总量大、比例高，扶贫资金的利用率也要高于北疆地区，甚至贫困地区的基础设施差异也已逐渐缩小的情况下，南疆三地州农民的人均收入水平仍没有表现出应有的增长势头，这只能归结为扶贫效率偏低。

表8-7　2010年新疆扶贫开发重点县与南疆三地州农民人均总收入对比

单位：元

指　标	重点县	南疆三地州
全年人均总收入	5009.99	4200.72
工资性收入	446.13	426.93
在非企业组织劳动得到的收入	92.59	82.02
在本地劳动得到的收入	144.78	113.29
外出务工得到的收入	208.75	231.62
家庭经营收入	4237.70	3515.85
农业收入	2362.70	2036.06
农业产品收入	2295.19	1997.77
粮食	1239.97	1053.78
棉花	656.19	640.79
农业服务收入	67.50	38.29
林业收入	146.86	197.92
牧业收入	1455.58	984.33
渔业收入	0.01	—
工业收入	40.03	47.56
建筑业收入	27.76	30.15
第三产业收入	204.76	219.84
财产性收入	27.78	13.45
转移性收入	298.39	244.49
全年人均纯收入	3293.10	2928.58

资料来源：《新疆调查年鉴》（2011）。

(五) 扶贫项目覆盖程度不足

新疆虽然取得了较显著的扶贫成绩,但是扶贫项目覆盖程度不足也是不争的事实。如图 8-2 所示,从国家统计局新疆调查总队对新疆 300 个村(含南疆三地州 195 个)的调查数据来看,2005 年全疆参加过扶贫项目的村为 176 个、南疆三地州为 125 个,到 2010 年这一数值全疆上升为 201 个、南疆为 141 个。可见,新疆贫困地区扶贫项目覆盖速度缓慢,全疆平均每年增加的参与村数仅为 4 个,南疆地区更少,不到 3 个,到 2010 年全疆还有近 1/3 的村子未参加扶贫项目,南疆三地州也有 27.7% 的贫困村未参加扶贫项目。从各年扶贫项目的覆盖率来看,南疆三地州要明显高于全疆水平,凸显出了南疆三地州在新疆扶贫领域的重要性,但是无论是全疆还是南疆三地州扶贫项目覆盖率都低于 80%,最高覆盖率出现在 2006 年和 2009 年的南疆三地州地区,覆盖率同为 73.8%,全疆最高项目覆盖率出现在 2010 年,仅为 67%。由此可见,扶贫项目贫困村覆盖率低成为不能回避的事实。出现上述现象的原因,一方面是由于新疆贫困地区地域广阔,实现较大范围的覆盖难度较大;另一方面是由于相对较少的扶贫投入无法支撑过多的扶贫项目。前者是客观原因,后者是主观原因。

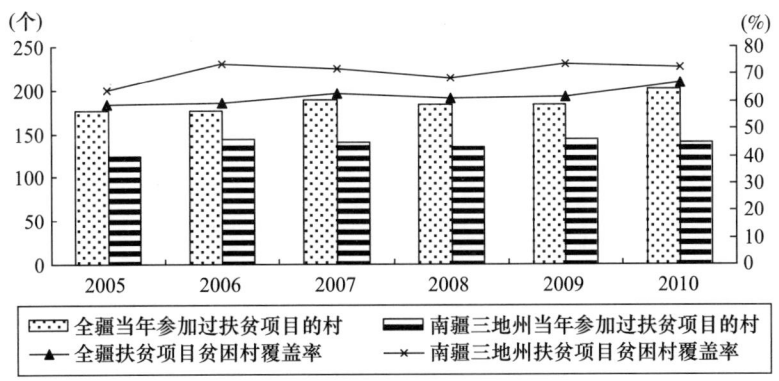

图 8-2 新疆扶贫项目覆盖情况

四、本章小结

本章主要运用面板数据模型与案例分析方法,从定量与定性的角度分析了新疆"一体两翼"扶贫模式的效果。主要基于新疆30个贫困县3000户农户2008~2011年的微观面板数据,运用固定效应法及工具变量法分别考察了劳动力转移规模、劳动力转移方式及劳动力转移模式对收入的影响,并进一步分析了劳动力转移规模的贫困缓解效应。实证检验结果表明:①劳动力转移规模对农户农业收入有负向影响,但显著提高了家庭人均收入、家庭利他性收入。②自发性转移方式、政府组织性转移方式能够显著提高农户人均收入水平,并且自发性转移方式的作用更强。区内县外转移对农户收入的提高最显著,其次为县内乡外转移,区外转移不影响农户收入。③劳动力转移规模对贫困的缓解效应无影响,也不影响富裕户的收入水平,但显著提高了中等收入农户的收入水平。此外,本章还结合案例分析了新疆整村推进与产业化扶贫的成效,并指出了"一体两翼"扶贫开发模式存在的主要问题:新疆贫困地区农民的就业结构仍不合理;基础设施建设进度缓慢;农业科技使用率低;扶贫项目覆盖程度不足;南疆地区扶贫效率偏低。

第九章 新疆贫困地区反贫困的对策建议

一、对政府宏观反贫困工作的建议

（一）提高贫困线标准，使更多的贫困脆弱人口享受国家扶贫政策

本书在计算过程中采用的是国务院扶贫办公布的贫困标准，然而中国贫困线偏低已经是一个不争的事实。据新疆维吾尔自治区党委政策研究室课题组测算，只有当扶贫标准提高到1500元以上时，才能真实反映新疆贫困人口情况。从第三章研究结果来看，随着贫困线的提高，三个贫困指标都有不同程度的增大，特别是对反映贫困面的指标影响最大。模拟分析的结果也表明各贫困指标对贫困线较小的变动具有较高的敏感性。但是，过低的贫困线，一方面，掩盖了真实的贫困程度，无法准确反映贫困人口的真实生活状态，低估了收入分配的恶化程度，尤其是对当权者而言，容易对贫困程度过分乐观，无法制定与当前贫困情况相匹配的政策措施，为可能出现的一系列社会问题埋下了隐患；另一方面，贫困线过低使一些本该属于贫困的人口无法得到足够的关注和相关政策的保护，这部分贫困脆弱人口一旦遇到疾病或者天灾等突发事件，会立刻陷入贫困，同时又得不到及时的救助，反而会加重贫困程度。因此，无论国家还是地方应该适度地提高扶贫标准，将更多符合条件的人口纳入国家扶贫政策的保护之下。

(二) 注重经济增长的同时，注重改善收入分配

从 FGT 贫困指数分解结果来看，2000～2010 年新疆农村贫困的减少主要得益于西部大开发战略实施后新疆经济的快速增长，而收入分配对 3 个贫困指标的影响在不同的时间段表现不一，但是收入分配的减贫作用不可忽视，尤其是收入分配恶化，部分抵消了经济增长的减贫效应，直接导致新疆农村贫困强度的加大，为此我们更应该在以后的扶贫工作中注重改善收入分配，减少其对降低贫困的不利影响。

(三) 三项传递资金的灵活配合使用

以工代赈、财政扶贫资金和信贷扶贫资金虽各有制度设置上的缺陷，但是作为以政府为主体的扶贫体系的三大传递资金作用毋庸置疑，关键在于如何合理安排、灵活运用，以发挥传递资金的最大贡献。根据我们的研究结论，当贫困程度较深时，具有广泛性和扩散性的信贷扶贫资金和财政扶贫资金更有效；当由大范围贫困转为少数人贫困时，尤其是对最贫困的农户而言，具有较强针对性的以工代赈较有效；信贷扶贫资金的整体表现最佳，财政扶贫资金投入对农牧民增收最有效，以工代赈资金则在降低贫困强度方面表现较好。以研究结论为依据，我们就可以利用不同传递资金的特性灵活配合使用。在新疆贫困程度较深的贫困地区，可以加大信贷扶贫资金和财政扶贫资金的投入比重；在大面积贫困问题已经得以解决的新疆贫困地区，则可以相应地增加以工代赈扶贫资金的数额；当需要加快新疆贫困地区农牧民收入的增长速度时，财政扶贫资金或者信贷扶贫资金的投入应该相应加强；而致力于降低新疆贫困地区贫困强度，改善贫困人口的收入分配状况时，则应该增加以工代赈扶贫资金的投入。

(四) 扶贫投入渠道和内容的多样化建设

扶贫投入在很长一段时间内仍将以政府为主，这是必然的，同时带给国家和政府的压力也是巨大的。为此，有必要继续探索新的投入方式和投入渠道。其中，社会扶贫是潜力最大、最适合深度挖掘、最应该被充分利用的扶贫力量。社会扶贫的参与者不仅限于国有企业、社会团队、事业单位、兄弟省份和部队等，而应包括有志于参与到扶贫建设中来的一切社会力量，个人、中小企业、教育和科研机构等都可以成为社会扶贫的一分子。实际上，针对新疆的社会扶贫已经融

入了各式各样、来源不同的社会力量，只是很多投入零散而微弱，无法发挥实际的功效。从这个角度讲，被扶持地区和政府努力开拓和吸引新的扶贫投入很重要，而尽快搭建一个承接扶贫资源以便统一使用、发挥扶贫资源最大规模功效的平台同样重要。此外，争取国际合作也是一条出路，国际合作者同样可以多元化，大到世界银行，小到外国企业家或个人，都可以与之开展针对新疆贫困地区的扶贫开发合作。

投入渠道需要多样化，投入内容同样需要多样化。扶贫投入不应该仅仅限于资金、物资、技术等传统的投入内容，还应将政策、信息、人才、管理等纳入扶贫投入范畴，使扶贫投入的内容同样多样化，并且应该根据不同贫困地区的需要进行合理的投入资源组合，以实现扶贫资源的最大功效。

二、对农户的微观扶贫对策

（一）细分贫困人口，对暂时性贫困与慢性贫困农户采取不同的对策，同时还要结合针对重点村庄的扶贫对策

一是针对慢性贫困户，要进一步落实"奖励少生"政策与各项社会保障制度（养老、教育等），并注重与扶贫开发政策的有效衔接。为了减少子女规模，减少农户陷入贫困的概率，今后，"奖励少生"政策在实施过程中，除了进一步扩大覆盖面外，对于自愿少生的贫困户，应进一步提高激励力度。此外，要减轻这些贫困户的养老和子女上学等负担。二是对于暂时性贫困农户，应加大其所处村庄（播种面积少、遭受自然灾害等）的农业基础设施投入和建设，加强生态保护与自然灾害应对机制，提高粮食产量。三是对于慢性贫困户所处的村庄，要注重调整产业结构，在提高粮食生产的同时更要注重扩大其他经济作物的种植规模与效益。

（二）鼓励和指导贫困农户自建组织，增强参与程度

贫困农户在扶贫开发事务中的话语权和选择权很小，大部分情况下只能被动地服从基础组织的安排。贫困农户作为反贫困体系的最末端，是扶贫资金、技

术、项目等的最终承接者,他们的状况是反贫困工作成效最真实的体现,换句话说,贫困农户脱贫才是扶贫开发根本的微观目的(宏观目的是贫困地区发展)。

然而,当前贫困农户所处的地位很难保证贫困农户真正地参与到扶贫进程当中,生硬、刻板的命令和计划很难调动农户参与的积极性,也不利于农户自我创造力的发挥,而且新疆作为一个多民族、多文化、多宗教并存的地区情况更加复杂,生搬硬套扶贫政策和制度很容易造成地方不适应性,甚至造成严重的社会问题。解决这些问题最好的方法就是倾听贫困农户的声音,多采纳他们的意见和建议。

实际困难是,单个贫困农户微弱的力量和谈判能力不足以让其承担起一定的决策职能,可能的出路就是通过贫困农户自建组织,利用集体的力量提升个体的地位,诸如扶贫互助社、扶贫合作社等集体组织显然比单个农户的诉求更有分量,也更有效率。初期,由于贫困农户自我意识和组织能力较弱,而地方精英阶层又缺乏必要的激励,贫困农户组织的建立仍需政府力量的介入,在相关政策的帮助和指导下促进贫困农户自建组织的形成,当其发展成熟后,政府力量应该适时地退出,保持其独立性。通过农户自建组织,一方面保护了贫困农户的利益,防止了地方精英阶层攫取扶贫果实;另一方面在与地方基础组织的博弈过程中,贫困农户具备了更强的话语权和诉求权,并具备了对基层工作进行监督的基础;此外,贫困农户自建组织的形成还为中央决策层了解农户需求和基层真实的扶贫情况创造了条件,在一定程度上可以克服信息不对称所产生的诸多问题。

(三)调动农户参与热情,尽力满足农户参与愿望

政府基层工作人员要做好扶贫开发的宣传和推广工作,激发农户参与热情,宣传扶贫政策,让农户深切地体会到参与扶贫活动所带来的好处。以目前我国的国力水平而言,扶贫资源相对有限是不得不面对的客观事实,为了尽量满足农户的参与愿望,笔者认为,应做好以下几点工作:一是要持续加大扶贫投入,尽量满足贫困农户需求,缓解供需矛盾;二是要根据农户自身的条件和所在地区的特点开展相适应的扶贫项目,对扶贫项目的选择应该更加灵活和更具合理性,从而使扶贫资源得到更好的配置;三是对农户进行必要的政策引导和观念输入,改变农户原有落后的投资和生产意识,最终使农户具备一定的现代市场观念。此外,在国力有限、地方财力有限的情况下,探索其他扶贫资金来源渠道也将是解决供需矛盾和提高农户参与机会的重要出路。

(四) 加强针对贫困户的劳动力转移咨询服务和特殊技能培训

政府应采取多项措施，积极宣传和引导，提供必要的就业信息及培训转移劳动力的技能，鼓励劳动力县内乡外、区内县外转移；此外，鉴于劳动力转移对贫困户贫困的缓解作用不明显，政府应创新现有依靠劳动力转移来扶贫的政策，采取针对贫困户的劳动力转移咨询服务和特殊技能培训，给予必要的资金与信贷支持，减轻转移约束与成本，增加转移规模，切实提高贫困农户的收入水平，真正起到扶贫的效果。

三、对不同类型贫困地区的反贫困对策

前文分析了新疆目前的贫困主要是暂时性贫困，而区域因素是影响暂时性贫困的重要原因。由于新疆贫困地区分布广泛，地区差异性大，如果仅从整体角度反贫困未免不够周全。基于此，笔者将结合不同区域贫困地区的实际情况，结合新疆的有关文件以及新的"十二五"扶贫规划，将研究区域设定为南疆三地州、北疆高寒牧区以及边疆地区，这将是未来10年自治区扶贫攻坚的重点区域，这些地区的反贫困进程直接关系新疆总体扶贫目标的实现。下面将围绕这三个区域的不同特点，仅对需要特别调整的部分加以说明。

(一) 针对南疆三地州的反贫困

南疆三地州是指喀什地区、和田地区、克州，共三个区域，辖区内共有24个县（市），其中，19个县（市）为国家扶贫开发重点县（市）。南疆三地州集中了新疆80%以上的贫困人口，其中绝大多数为少数民族人口。南疆三地州经济基础薄弱，自然环境恶劣，贫困现象普遍存在，贫困程度深，扶贫开发难度大。2007年温家宝在新疆考察工作时指出："南疆三地州既是新疆工作的重点，也是国家支持的重点，既是援疆工作的重点，也是扶贫工作的重点，从中央到地方都要给予特别关注和帮助。要加大扶贫力度，努力改善农牧民生产生活条件。"经过多年的开发建设，南疆三地州基础设施明显改善，产业框架雏形已经形成。设施农业达到19万座，林果业面积已达758万亩，特色林果挂果面积逐年扩大，

增长态势明显,收入大幅增长,已经成为三地州农民增收的"摇钱树"和"绿色银行",各族群众得到巨大实惠。三地州工业总产值达65亿元,财政收入达21.5亿元,各项事业站到了历史的新起点。然而,贫困问题在南疆地区仍没有得到很好解决,南疆三地州仍是新疆贫困问题的重灾区。南疆贫困问题迟迟得不到缓解,不仅关乎一个区域的发展问题,还关系到祖国边疆的安全与稳定。随着《中国农村扶贫开发纲要(2011~2020年)》的发布,将会迎来新一轮扶贫开发浪潮。面对新的发展形势和机遇,有必要结合南疆三地州的实际情况,对新疆贫困地区扶贫开发机制某些环节进行调整,以便更好地满足南疆三地州扶贫开发的需要。具体调整如下:

(1) 分级成立南疆三地州扶贫开发协调工作组,除了继续吸收各相关部门参加之外,重点是要吸收内地对口援助省市和企业的参与;建立工作协调领导机制,"按照区负总责、县抓落实、工作到村、扶贫到户的要求,健全上下衔接、密切配合、运转高效的领导和协调机制,强化与对口支援省市和中央部门的协调,统筹推进扶贫开发各项工作";继续做好做实《新疆维吾尔自治区南疆三地州集中连片特殊困难地区扶贫攻坚工程规划(2011~2015年)》等专项规划,规划编制应以县为主,地州协调,自治区把关,自治区应该加强对规划编制的指导和培训,并积极寻求发改委、财政、民政、交通等有关部门的支持,还应邀请相关专家参与规划编制工作,经专家论证,确保规划质量;建立对口援疆与扶贫开发的工作协调机制,使援疆政策与扶贫开发政策相结合、援疆规划与贫困地区产业发展规划相衔接、援疆项目与扶贫开发项目相融合,积极安排援助资金项目向南疆地区倾斜;实施"上挂"和"下挂"机制,"上挂"指基础工作者到自治区或支援省市挂职,"下挂"指省级工作人员或对口援建省份的工作人员到贫困县挂职。

(2) 由于国家确定在南疆三地州打破重点县界限,实施连片扶贫开发,实现南疆三地州全覆盖,呈现"大扶贫"的工作格局,以实现2020年基本消除绝对贫困现象的既定目标。所以,对贫困县的宏观瞄准功能大为削减,但是仍可以作为扶贫资源在其区域分配的依据。宏观瞄准弱化后,并不意味着微观甄别可以放松,事实上恰恰相反。

(3) 南疆三地州财政专项扶贫资金的增幅要明显高于其他地区;在地方财政改善的情况下,自治区也应该增大对南疆地区的投入力度;对口支援省份的援助也应向重点贫困区域倾斜;以千村整村推进、"两个千万"产业扶贫(1000万亩优质林果、1000万头牛羊)、百万劳动力培训转移、百村特色手工业等为重点工程,集中优势扶贫资源,推动连片扶贫开发;对南疆三地州沙漠腹地和绿洲边缘的贫困村实行就地扶贫,加强农田水利等基础设施建设,发展林果产业,扩大绿色屏障,改善生态、生产、生活条件,提供社会服务保障。

(二) 针对北疆高寒牧区的个性化调整

对于北疆高寒牧区,官方一直没有给出明确的界定。笔者认为,这个区域应该包括阿勒泰、塔城、伊利和哈密四个地区。这四个地区具有共同的特点:海拔高、全年无霜期短、某些地方生态环境极其恶劣、区域内居民多以放牧为生。由于特殊的地理环境、气候和人文习俗,该区域的经济发展受到了很大的限制,长期以来也是新疆的贫困聚集带,北疆9个贫困县都分布于此。从以上情况看,笔者将这四个地区划定为北疆高寒牧区是有一定道理的。针对这个区域的有关特点,应该做以下调整和说明。

(1) 由于这个区域的贫困地区和贫困人口并未呈现高度集中的态势,在空间上存在不小的距离,所以不能单独建立扶贫开发协调工作组。但是这个区域的贫困地区具有极相似的生态环境,从这一点上来说,制定北疆高寒牧区专项扶贫规划有其现实基础。自治区最新审定的《新疆维吾尔自治区299个山区特困村扶贫攻坚规划(2011~2015年)》就是对这方面的补充。

(2) 北疆高寒牧区的贫困问题虽然也很棘手,但是相比于南疆不管是程度上还是范围上都要缓和得多。在宏观瞄准正常运转的情况下,应加强微观甄别的力度,集中注意力,争取率先解决北疆的贫困问题,为南疆贫困问题的早日解决创造条件。

(3) 在扶贫投入逐年增长的基础上,坚持就地扶贫和异地搬迁并举,加快扶贫步伐。一方面,加强牧区水利建设、草场改良和低产田改造,加强扶贫抗震安居工程和农村通信建设,发展风能、太阳能等清洁能源,有效解决缺电、少电、无电问题,涵养自然生态,改善生产发展条件和生活设施条件,在安居的基础上实现乐业。另一方面,将生态环境和生存条件特别恶劣地方的贫困群众搬迁安置在水土和基础设施条件较好的地区,从根本上改善生产环境和发展条件,确保"搬得出、稳得住、能致富"。同时,按照城乡一体化发展的要求,着眼于"当代扶贫、后代致富",把符合条件的贫困人口搬迁到发展条件较好的城镇、郊区,逐步转变为城市居民,帮助他们提高工作技能、增强收入保障能力,在劳动就业培训、子女教育、社会保障、公共服务等方面完全享受与城市居民相同的待遇。

（三）针对边境地区的个性化调整

新疆陆地边境线5600多公里，是全国边境线最长的省区。新疆与中亚存在着8个同源跨国民族，即哈萨克族、柯尔克孜族、塔吉克族、乌孜别克族、塔塔尔族、俄罗斯族、维吾尔族和回族。新疆有32个边境县（市），占全国135个陆地边境县（市）的24%，占新疆84个县（市）的38%。边境地区由于特殊的地理位置，新中国成立以后到20世纪70年代，主要任务是保卫和巩固边防，因"备战"而造成基础设施建设欠债多，经济社会发展滞后，特别是边境地区少数民族的贫困问题尤为突出，"边境性、贫困性、民族性"特征明显，维护社会稳定任务繁重。

改革开放以来，经过多年的建设，新疆边境地区的经济社会面貌虽然发生了显著变化，但受历史、地理和自然等因素的影响，发展速度仍然相对迟缓，群众生活水平提高仍然缓慢，与全区平均水平相比，发展差距仍在呈现逐步拉大的趋势，边境地区的生产力水平、文化发展水平、群众生活水平的状况还没有得到根本改变，集中体现为山大沟深、民族聚居、居住分散、资源匮乏、生态环境脆弱、自然条件恶劣、贫困面大等特点。新疆32个边境县（市）中，有17个扶贫开发工作重点县（市），占全区重点县（市）数的57%。2010年，国务院扶贫开发领导小组确定将新疆作为全国唯一试点省份，启动新一轮17个边境重点县边境扶贫试点工作。根据以上情况，针对边境地区作出以下调整：

（1）有必要分级建立边境扶贫试点工作领导小组，由扶贫部门牵头，以组织、协调和领导边境地区扶贫开发工作，并督导本级边境扶贫规划的编制与实施；制定《新疆维吾尔自治区边境扶贫开发规划（2011～2015年）》，县（市）规划由地州初审，自治区扶贫办审定，地州规划由自治区扶贫办审定，报国务院扶贫办备案。

（2）对于瞄准的17个边境贫困县（市），扶贫试点工作将分三线展开：边境一线为边境县行政辖区内由公安边防派出所管理的乡村；边境二线为边境县行政辖区除一线乡村以外的其他乡村；边境三线为县城城市行政区域。边境一线的居民简称边民，其属性定义为：边境县行政辖区内明确由公安边防派出所管理的常住居民户籍人口。在通外山口、交通要道及国境沿线长年从事生产和生活，由边防部队、公安边防武警部队和县（市）地方政府明确赋予了具体守边任务的农牧民家庭简称守边户。边境一线是扩大试点工作的重点范围，一线贫困村守边户是边境一线扶贫工作的重点对象。

（3）针对边境地区的情况以及扶贫工作的具体安排，边境扶贫按照"一线守边、二线固边、三线服务"的基本思路，划分为三线区域，区分不同功能，因地制宜设计项目，按区域功能组织时间集中、项目集约的开发建设。边境一线应集中力量改善边民特别是守边户的生产生活条件，修建较高标准的住房，完善配套基础设施，增加守边装备配备，扶持发展增收产业，提高边民的自我积累、自我发展能力，创造有利于家庭发展和后代成长的条件。要加强边境一线的基本政权建设，完善村委会从事管理的配套设施，扶持边境贫困村发展村级集体经济，提高边境乡村基层组织的管理能力。要积极探索和建立边民特别是守边户的土地和草场使用权、承包经营权的特殊传承机制，建设边境家庭牧场和农场，通过激励政策充实一线。边境二线应重点加强交通、通信、邮政、通水等工程建设，建立以民族语、汉语双语教学为基本模式的幼儿和九年制义务教育体系，主要医疗功能齐全，社区基本建设配套，人口规模稳定，产业布局合理，城镇化水平逐步提高，基本为边境一线提供基础教育、医疗、文化、技术培训等综合服务的社会化功能。边境三线要根据边境城市建设的特点提升和完善城市功能，重点建设宜居住房，兴建综合保障性的医院，发展较高水平的高中和中等职业、专业技术学校，设立宣传文化设施，建设大型生产资料和农牧产品综合市场，加强与内地和发达地区的信息交流与物流运输，为边境一、二线居民和外来的支边人才提供较高水平的安居、就业、培训、子女就学、社会保障等公共服务。三线联动。按分区域组织功能差异化、进程一体化开发建设的要求，形成全面布局、区分功能、分类指导、三线统筹、同步推进的边境扶贫三线联动机制。

（4）要探索边民转居民的边境扶贫模式。结合边民调整转移，在边境县城和边境二线布局建设边民小区，实行社区化管理，政府提供一定数量的公益性就业岗位，优先安置一线边民，并明确转居边民对小区房屋的所有权；要探索利用现行扶贫政策，建立边民金融扶贫机制，设立进城边民创业基金，鼓励和支持进城边民在县城自主创业；要充分重视边境扶贫扩大试点的人才基础，利用中央和内地援疆省市的人才培养资源，分批选派当地生源和本地知识青年到援疆省市参加各类培训学习，加强扩大试点的后备人才队伍；要配套建设试点乡镇干部和工作人员公寓，提高工资待遇和生活补助，引导有志知识青年到边境一线乡村任职,加强边境扶贫的人力资源建设,保障项目和试点效果可持续发展。

扶贫三大重点区域除了建立相应的内部监管机制以外,主要还是应该在"大监管"体系下,受国家和自治区的监督和管理。为此,要结合三大重点扶贫区域各自不同的特点,分别设计其各自的指标评价体系,该指标体系应该能够反映不同区域的扶贫进度、质量、效果等方面的内容,并从经济、社会、政治等多方面综合评价区域的发展状况,实施动态监测,国家和自治区的相关部门要组织专门力量对三大区域的扶贫情况进行中期评估,根据评估结果发现扶贫进程中出现的问题,及时调整相关措施和工作方式,以期圆满达成扶贫目标。

第十章 结论与展望

一、研究结论

作为特殊类型贫困地区的新疆维吾尔自治区,是典型的少、边、穷地区。本书定量分析了新疆贫困的程度及贫困的成因,并对反贫困的绩效进行全面系统的评估。研究结论如下:

第一,利用 1994~2010 年农户收入分组数据,采用 FGT 测度指数和 Shorrocks(1999)的分解方法,测算了新疆贫困发生率、贫困距指数和平方贫困距指数,并从经济增长和收入分配的角度分析了贫困变动的原因。研究发现:①样本期间新疆农村收入差距较大,收入分配状态有恶化的趋势。②新疆农村贫困发生率、贫困距指数和平方贫困距指数的变化趋势具有明显的阶段性特点,贫困广度和贫困深度都有所下降,但是贫困强度却加强,意味着新疆农村贫困人口内部的收入差距扩大,极端贫困人口的生活状况进一步恶化。③从经济增长和收入分配产生的影响来看,经济增长的减贫效应非常明显,对降低三个贫困指标都非常有效。④收入分配状况的改变略微缩小了新疆农村的贫困面,但却由于分配均等状况的恶化加重了新疆农村的贫困深度和贫困强度,贫困线的变动则不同程度地提高了新疆农村的贫困水平,最明显的是对新疆农村贫困面的扩大效应。⑤进一步模拟发现各贫困指标对贫困线较小幅度的变动具有较高的敏感性,即贫困标准的提高,会导致 3 个贫困指标都有不同程度的大幅上升。

第二,基于新疆 3000 个农户 2008~2010 年的面板数据,运用有序 Logit 模型，重点研究了家庭特征、村庄特征对农户动态贫困的影响。研究结果表明：①新疆农户贫困主要是暂时性贫困。在调查的 3000 个贫困户中，暂时性贫困户占比高达 90%，而慢性贫困户数相对较少，占比约 10%；在贫困的区域分布上，主要集中于南疆三地州，慢性贫困农户占比高达 74.44%，暂时性贫困户占比也达到了 70%。②慢性贫困和暂时性贫困均对贫困线变动具有较强的敏感性，慢性贫困的敏感性更强。非贫困农户具有很大的贫困脆弱性，随着贫困标准的提高很容易变为贫困户，并且大部分变为慢性贫困户。③子女数越多、老人数越多的农户更容易陷入贫困，陷入慢性贫困的可能性更大；教育费用支出的增加也容易使农户陷入贫困，且易陷入慢性贫困。④村庄粮食播种面积减少与所处村庄遭受自然灾害的农户更易陷入暂时性贫困，其他经济作物播种面积的减少会使农户更易陷入慢性贫困。

第三，采用状态空间模型对三项扶贫资金的动态扶贫绩效进行了评价，计量结果显示三项扶贫资金都有一定的减贫增收的扶贫效果，但表现作用存在差异。信贷扶贫资金的整体表现最佳，财政扶贫资金作用居中，以工代赈资金则在降低贫困强度方面表现较好。当贫困程度较深时，具有较强营利性的信贷扶贫资金和较强扩散性的财政扶贫资金更有效；当由大范围贫困转为少数人贫困时，具有较强针对性的以工代赈资金更有效；通过数据包络分析发现，新疆扶贫效率具有较显著的波动性，来源于技术进步所产生的增长效应显著，北疆比南疆扶贫效果更好，而整体表现不佳；资金传递与使用效率不高；扶贫效果持续性差；南疆地区扶贫效率偏低等。

第四，从实证角度分析了扶贫开发机制中两个重要主体——政府与农户的行为，分别是政府行为对农牧民增收的作用以及农户参与扶贫项目的影响因素。运用 2000~2009 年新疆 30 个贫困县的相关数据，实证研究了政府行为对农牧民增收的作用，研究发现：财政支出和市场化程度和对农牧民增收都具有明显的促进作用；两者对南疆贫困地区农牧民的增收作用要大于北疆。总体来看，市场要比政府更有效，政府应为贫困地区农牧民提供更多的权利和公平。利用新疆 30 个扶贫重点县的 3000 户农户的调查数据，对影响农户参与扶贫活动的因素进行了计量经济分析。分析结果表明：从农户所在社区情况、农户基本特征和具备的能力来看，总体反映出社区情况越恶劣、农户各方面条件和能力越差，越有可能参与扶贫活动的规律，从而验证了扶贫开发所具有的"趋害疏利"的特性；从农户的参与意愿来看，农户对扶贫活动或扶贫项目的了解程度显著影响其参与活动，同时还体现出农户参与愿望与扶贫资源相对有限的矛盾。

第五，运用面板数据模型与案例分析方法，从定量与定性的角度分析了新疆"一体两翼"扶贫模式的效果。主要基于新疆 30 个贫困县 3000 户农户 2008～2010 年的微观面板数据，运用固定效应法及工具变量法分别考察了劳动力转移规模、劳动力转移方式及劳动力转移模式对收入的影响，并进一步分析了劳动力转移规模的贫困缓解效应。实证检验结果表明：劳动力转移规模对农户农业收入有负向影响，但显著提高了家庭人均收入、家庭利他性收入；自发性转移方式、政府组织性转移方式能够显著提高农户人均收入水平，并且自发性转移方式的作用更强；省内县外转移对农户收入的提高最为显著，其次为县内乡外转移，省外转移不影响农户收入；劳动力转移规模对贫困的缓解效应无影响，也不影响富裕户的收入水平，但显著提高了中等收入农户的收入水平。此外，还结合案例分析了新疆整村推进与产业化扶贫的成效，并指出了"一体两翼"扶贫开发模式存在的主要问题体现在：新疆贫困地区农民的就业结构仍不合理；基础设施建设进度缓慢；农业科技使用率低；扶贫项目覆盖程度不足；南疆地区扶贫效率偏低。

第六，提出对政府宏观扶贫工作、对农户的微观扶贫以及不同地区反贫困的对策建议。对政府宏观扶贫工作的建议主要为提高扶贫标准、注重收入分配与扶贫资金的灵活配套使用等；对农户的扶贫对策主要为细分贫困人口，对暂时性贫困与慢性贫困农户采取不同的对策，同时还要结合针对重点村庄的扶贫对策、鼓励和指导贫困农户自建组织，增强参与程度以及加强针对贫困户的劳动力转移咨询服务和特殊技能培训等。本书还结合不同区域的实际情况，结合有关文件与扶贫规划，提出了不同地区反贫困的对策建议。

二、展望

由于本书的调查数据仅有 3 年，时间较短，再加上研究者能力的限制，本项目研究还存在一些不足和遗憾之处，有待以后进一步的研究完善。未来的研究应运用较长时期调查数据，进一步分析农户动态贫困的持续性即贫困的持续时间以及脱贫的可能性。此外，可进一步调查参与产业化扶贫的贫困农户与非贫困农户的相关数据，实证研究产业化扶贫的效果。

参考文献

[1] Dcutseh J & Silber J. The Measuring Multidimensional Poverty: An Emrirical Comparison of Various Approaches [J]. Review of Income and Wealth, 2005, 51 (1): 145 – 174.

[2] Chakravartya Satya R, Joseph Deutschb and Jacques Silberb. On the Watts Multidimensional Poverty Index and its Decompositon [J]. World Development, 2005, 36 (6): 1067 – 1077.

[3] Luzzi G, Fluckiger Y and Weber S. A Cluster Analysis of Multidimensional Poverty in Switzerland [J]. SSRN Working Paper No. 918744, 2006.

[4] Rozelle Scott, Albert Park, Vincent Benziger, Ren Changqing. Targeted Poverty Investments and Economic Growth in China [J]. World Development, 1998, 26 (12): 2137 – 2151.

[5] Davis & Peter. Responding to Poverty: Communitarian Solutions through Cooperative Facilitation of Primary Associations [J]. Rural Cooperation, 1998 (26): 79 – 95.

[6] White H. National and International Redistribution as Tools for Poverty Reduction [J]. International Development, 2001 (3): 343 – 351.

[7] Cororaton Caesar B, Cockburn J & Corong E. Doha Scenarios, Trade Reforms, and Poverty in the Philippines: A CGE Analysis [J]. Cahiers de Recherche MPIA, 2005 (3).

[8] Fernando, Andrés & Osvaldo. Evaluating the Chile Solidario Program: Results Using the Chile Solidario Panel and the Administrative Databases [J]. Estudios de Economia, 2011 (1): 129 – 168.

[9] Ahmed A, Mubina Khondkar & Agnes Quisumbing. Understanding the Context of Institutions and Policy Processes for Selected Anti – poverty Interventions in Bangladesh [J]. Journal of Development Effectiveness, 2011 (2): 175 – 192.

[10] Sen A. Poverty, Inequality and Unemployment: Some Conceptual Issues in Measurement [J]. Econometrica, 1976, 44 (2): 219 – 231.

[11] Foster J. Joel Greer and Erik Thorbecke. A Class of Decomposable Poverty Measures [J]. Econometrica, 1984, 52 (3): 761 – 766.

[12] Datt G & Ravallion M. Growth and Redistribution Components of Changes in Poverty Measures: A Decomposition with Applications to Brazil and India in the 1980s [J]. Journal of Development Economics, 1992 (38): 275 – 295.

[13] Dhongde S. Spatial Decomposition of Poverty in India [J]. Paper Prepared for the UNU/WIDER Project Conference on Spatial Inequality in Asia, Tokyo, 2003.

[14] Liu Yuanli, Keqin Rao, William C Hsiao. Medical Expenditure and Rural Impoverishment in China [J]. Journal of Health, Population and Nutrition, 2003, 21 (3): 216 – 222.

[15] Hulme D, Karen Moore and Andrew Shepherd. Chronic Poverty: Meanings and Analytical Frameworks [M]. SSRN Working Paper, 2001.

[16] Dartanto Teguh and Nurkholis. The Determinants of Poverty Dynamics in Indonesia: Evidence from Panel Data [J]. Bulletin of Indonesian Economic Studies, 2013, 49 (1): 61 – 84.

[17] Ingrid W and Klasen Stephan. Determinants of Income Mobility and Household Poverty Dynamics in South Africa [J]. Journal of Development Studies, 2005, 41 (5): 865 – 897.

[18] Liverpool – Tasie, Lenis Saweds O, Winter – Nelson Alex. Asset Versus Consumption Poverty and Poverty Dynamics in Rural Ethiopia [J]. Agricultural Economics, 2011, 42 (2): 221 – 233.

[19] Wan Guanghua, Yuan Zhang [J]. Chronic and Transient Poverty in Rural China [J]. Economics Letters, 2013, 119 (3): 284 – 286.

[20] Jalan J, Ravallion M. Determinant of Transient and Chronic Poverty: Evidence from Rural China, Policy Research Working Paper [M]. Washington DC: Research Development Group of the World Bank, 1998.

[21] Duclos J Abdelkrim, John Giles. Chronic and Transient Poverty: Measurement and Estimation with Evidence from China [J]. Journal of Development Economics, 2010, 91 (2): 266 – 277.

[22] Widyanti W, Asep Suryahadi, Sudarno Sumarto, Athia Yumna. The Relationship between Chronic Poverty and Household Dynamics: Evidence from Indonesia [M]. SSRN Working Paper, 2009.

[23] Yang Dennis Tao. Urban – based Policies and Rising Income Inequality in China [J]. The American Economic Review, 1999, 89 (2): 306 – 310.

[24] Zhu Nong and Xubei Luo. Impacts of Migration on Rural Poverty and Inequality: A Case Study in China [J]. Agricultural Economics, 2010, 41 (2): 191 – 204.

[25] Du Yang, Albert Park and Sangui Wang. Migration and Rural Poverty in China [J]. Journal of Comparative Economics, 2005, 33 (4): 688 – 709.

[26] Taylor J. Edward, Scott Rozelle. Migration and Incomes in Source Communities: A New Economics of Migration Perspective from China [J]. Economic Development and Cultural Change, 2003 (52): 75 – 101.

[27] Banrjee R and Kanbur R. On the Specification and Estimation of Macro Rural – urban Migration Functions with an Application to Indian Data [J]. Oxford Bulletin of Economics and Statistics, 1981, 43 (9): 7 – 29.

[28] Sabates – Wheeler R, Ricardo Sabates and Adriana Castsldo. Tackling Poverty – migration Linkages: Evidence from Ghana and Egypt [J]. Social Indicators Research, 2008, 87 (2): 307 – 328.

[29] Knight J and Lina Song. The Spatial Contribution to Income Inequality in Rural China [J]. Cambridge Journal of Economics, 1993, 17 (2): 195 – 213.

[30] Yao Shujie. Economic Growth, Income Inequality and Poverty in China under Economic Reforms [J]. Journal of Development Studies, 1999, 35 (6): 104 – 130.

[31] Liu Hui. Changing regional rural inequality in China 1980 – 2002 [J]. Area, 2006, 38 (4): 377 – 389.

[32] David Mckenzie and Rapoport Hillet. Network Effects and the Dynamics of Migration and Inequality: Theory and Evidence from Mexico [J]. Journal of Development Economics, 2007, 84 (1): 1 – 24.

[33] Zhao Yaohui. The Role of Migrant Networks in Labor Migration: The Case of China [J]. Contemporary Economic Policy, 2003, 21 (4): 500 – 511.

[34] Anthony S. Decomposition Procedures for Distributional Analysis [A]. Unpublished Manuscript, Department of Economics, University of Essex, 1999.

[35] 王祖祥, 范传强, 何耀. 中国农村贫困评估研究 [J]. 管理世界, 2006 (3): 71 – 77.

[36] 陈立中. 转型期我国多维度贫困测算及其分解 [J]. 经济评论, 2008 (5): 5 – 10.

[37] 张衔. 民族地区扶贫绩效分析 [J]. 西南民族学院学报, 2000 (3): 18 – 25.

[38] 帅传敏, 梁尚昆, 刘松. 国家扶贫开发重点县投入绩效的实证分析 [J]. 经济问题, 2008 (6): 84 – 86.

[39] 朱乾宇. 政府扶贫资金投入方式与扶贫绩效的多元回归分析 [J]. 中央财经大学学报, 2004 (7): 11 – 15.

[40] 姜锡明. 反贫困政策支持力度与扶贫效果: 来自西部民族地区的经验 [J]. 上海经济研究, 2007 (4): 16 – 21.

[41] 国务院扶贫开发领导小组. 联合调研显示: 我国特殊类型贫困问题仍然突出 [N]. 人民日报, 2007 – 11 – 23.

[42] 厉声等. 新疆贫困状况及扶贫开发 [M]. 乌鲁木齐: 新疆人民出版社, 2010.

[43] 王平. 试论西部少数民族地区循环贫困的成因 [J]. 青海民族学院学报 (哲学社会科学版), 2006 (2): 41 – 43.

[44] 李秀娟. 西部地区农村长期性贫困成因及对策 [J]. 农业经济问题, 2009 (4): 33 – 37.

[45] 郭志仪, 祝伟. 我国山区少数民族贫困成因的框架分析——基于市场参与率的视角 [J]. 中南民族大学学报 (人文社会科学版), 2009 (5): 123 – 129.

[46] 李凤荣. 青海特殊贫困成因与扶贫开发探索 [J]. 开发研究, 2011 (3): 141 – 145.

[47] 沈会盼, 常永才. 边远民族地区的扶贫开发——新疆巴音郭楞州个案分析 [J]. 贵州民族学院学报, 2003 (1): 87 – 90.

[48] 姚春军, 胡本新, 许磊. 新疆英吉沙县扶贫开发的调查与思考 [J].

实事求是，2005（3）：73-76.

［49］方珊媛. 新疆国家扶贫开发重点县的现状与基本特征［J］. 实事求是，2005（6）：38-39.

［50］胡鹏，谢贵平. 扶贫开发与新疆少数民族社会主义新农村建设——对叶城县扶贫开发的调查与思考［J］. 塔里木大学学报，2010，22（2）：47-53.

［51］于敏. 贫困县农户动态贫困实证研究——以内蒙古自治区、甘肃省贫困县为例［J］. 华南农业大学学报，2011（2）：57-65.

［52］李万明，崔静，张建伦. 内生经济增长理论与反贫困——基于"丝路明珠"和田地区的贫困问题研究［J］. 生态经济，2008（2）：26-29.

［53］王雨林. 中国农村贫困与反贫困问题研究［M］. 杭州：浙江大学出版社，2008.

［54］魏众，B. 古斯塔夫森. 中国转型时期的贫困变动分析［J］. 经济研究，1998（11）：64-68.

［55］胡兵，胡宝娣，赖景生. 经济增长、收入分配对农村贫困变动的影响［J］. 财经研究，2005（8）：89-99.

［56］张全红，张建华. 中国经济增长、收入不平等与贫困的变动：1981~2001年［J］. 经济科学，2007（4）：15-24.

［57］杨国涛，王广金. 中国农村贫困的测度与模拟：1995~2003年［J］. 中国人口·资源与环境，2005（6）：30-34.

［58］盛运来. 经济增长和收入分配对农村贫困变动的影响［J］. 中国农村观察，1997（6）：31-36.

［59］林伯强. 中国的经济增长、贫困减少与政策选择［J］. 经济研究，2003（12）：15-25.

［60］郭晖，刘芳，柴军，赵明亮. 扶贫模式的作用机理与评析——以新疆以工代赈为例［J］. 农业现代化研究，2004（6）：429-433.

［61］李万明，王太祥，胡宜挺. 新疆兵团边境贫困农场现状及扶贫效应分析［J］. 石河子大学学报（哲学社会科学版），2005（3）：1-5.

［62］赵珍，石延玲. 新疆扶贫资金投入及使用的绩效分析［J］. 新疆财经，2006（4）：9-13.

［63］王哲，陈见影. 新疆农民收入结构及区域差异分析［J］. 农业现代化研究，2008（3）：138-141.

［64］李春林，任博雅．基于面板数据的中国农牧民收入影响因素分析［J］．经济与管理，2009（4）：26-28.

［65］钱文荣，郑黎义．劳动力外出务工对农户家庭经营收入的影响［J］．农业技术经济，2011（1）：48-56.

［66］都阳，朴之水．转移与减贫——来自农户调查的经验证据［J］．中国人口科学，2003（4）：56-62.

［67］林毅夫，刘明兴．中国的经济增长收敛与收入分配［J］．世界经济，2003（8）：3-14.

［68］王小鲁，樊纲．中国地区差距的变动趋势和影响因素［J］．经济研究，2004（1）：33-44.

［69］蔡昉．为什么劳动力流动没有缩小城乡收入差距？［J］．理论前沿，2005（20）：18-20.

［70］白人朴．关于贫困标准及其定量指标的研究［J］．农业经济问题，1990（8）：49-52.

［71］关信平．中国城市贫困问题研究［M］．长沙：湖南人民出版社，1999.

［72］童星，林闽钢．我国农村贫困标准线研究［J］．中国社会科学，1993（3）：86-94.

［73］贾大武．利用系统工程扶贫的静态分析和启示——以临县梁家会乡为例［J］．经济问题，1997（6）：44-46.